数字经济时代
农村电商高质量发展范式

赖玲玲　著

九　州　出　版　社

JIUZHOUPRESS

图书在版编目（CIP）数据

数字经济时代农村电商高质量发展范式/赖玲玲著.
北京：九州出版社，2024.6. --ISBN 978-7-5225
-3042-0

Ⅰ．F724.6

中国国家版本馆 CIP 数据核字第 2024Z8E165 号

数字经济时代农村电商高质量发展范式

作　　者	赖玲玲　著
责任编辑	杨鑫垚
出版发行	九州出版社
地　　址	北京市西城区阜外大街甲 35 号（100037）
发行电话	（010）68992190/3/5/6
网　　址	www.jiuzhoupress.com
电子信箱	jiuzhou@jiuzhoupress.com
印　　厂	永清县晔盛亚胶印有限公司
开　　本	787 毫米×1092 毫米　16 开
印　　张	10
字　　数	138 千字
版　　次	2025 年 1 月第 1 版
印　　次	2025 年 1 月第 1 次印刷
书　　号	ISBN 978-7-5225-3042-0
定　　价	58.00 元

前　言

在当前市场经济环境下，电子商务已经成为一种重要的商业模式，极大地影响了人们的消费习惯。但是，从目前农村地区的电商发展来看，由于受到多方面因素的影响，存在许多的问题，这就阻碍了电商推动农村经济发展作用的发挥。因此，在数字经济时代，必须针对目前农村电商发展中存在的问题，采取有效的应对措施，转变传统的发展思路，构建电商发展的完善体系，更好地促进农村经济的发展。

数字经济时代，各种新技术的出现为产业发展注入了新的活力。在推动农村电商发展的过程中，要注重强化技术融合，通过发挥人工智能、大数据等技术的优势，为农村电商的发展提供支持。在这一过程中，必须发挥国家政府部门的作用，突破传统产业之间存在的数据壁垒，更好地实现实体经济与大数据之间的一体化发展，为农村电商发展扫除障碍。农村地区的电商发展必须抓住新技术的红利，实现传统产业与电商平台的融合，进一步推动供应链资源配置的优化，为各要素的自由流动提供便利条件。

在推动农村地区电商发展的过程中，需要对基础设施进行完善，对现有的交通以及网络设施进行优化，为电商发展打下良好的基础。首先，必须加快农村地区的物流体系建设工作。在这一过程中须借助国家财政政策的支持，构建资金长效机制，吸引民间与社会资本加入其中。其次，必须推动城乡一体化建设，实现农村地区宽带接入网的提升，同时扩大农村地区网民的规模，更好地适应农村电商的发展要求。再次，推动多元化农村金融体系的发展，对当前的政策性金融、民间信用以及金融机构进行整合，创新农村金融发展体系，为农村电商的发展提供可靠保障。最后，强化物流企业与物流信息的整合，充分借助第三方物流企业的作用，构建物流信息共享平台，组建专业的物流管理团队，实现物流运输效率的提升，降低物流成本。

本书首先对数字经济时代的技术、环境与发展进行简要概述，然后对农村电商的相关问题进行梳理和分析，包括农村电商理论基础、数字经济时代农村电商发展新业态、农产品电商营销实践、乡村振兴背景下农村电商的可持续发展。本书旨在为数字经济时代下农村电商高质量发展相关理论的深入研究提供借鉴。但限于笔者经验和水平，本书难免有欠妥之处，敬请读者批评指正。

目　录

第一章

数字经济时代的技术、环境与发展

第一节 数字技术与数字经济

在大数据、云计算、物联网、5G 网和人工智能等数字技术的推动下，"互联网＋"和"智能＋"逐渐由概念变为现实，促进了数字经济的蓬勃发展。新兴数字技术带来了巨大的经济机遇，各行各业都在谋划"数字化"转型和发展战略，新技术、新产业、新业态、新模式不断涌现，成为中国经济在新时代快速发展的强大动能。

一、大数据：数据挖掘与精准决策

大数据技术的实际意义并不在于其拥有大量的数据信息，而在于对这些数据进行挖掘、处理、应用而产生的价值。换言之，如果把大数据比作企业，那么企业要想实现盈利，就要提高其对数据的加工处理能力，通过技术的加工实现数据的价值变现，进而实现企业的盈利。

大数据需要特殊的技术，才能有效处理大量、复杂和不断变化的数据。这些技术主要包括大规模并行处理、数据库、数据挖掘、分布式文件系统、分布式数据库、云计算平台等。简言之，数据挖掘就是从大量的数据中提取有价值信息的过程。这个对数据进行各种处理和归类的过程，需要掌握正确的数据挖掘分析思维和数据挖掘技术。目前，数据分析思维已经成为一种被广泛倡导的科学素养和实践方法论。以下是常用的数据挖掘分析思维模式。

首先是数据的抽象和概括思维。在数据挖掘和机器学习的过程中，大家都习惯在小的数据集上了解用户的需求，弄清楚问题的性质，先对小数据进行实验和验证，然后把这些方式方法应用到大数据集中，最终目的是让数据的整体支撑逻辑、分析和验证，支撑实际应用。但是小数据和大数据之间是有显著差别的，很多情况下，小数据的性质与大数据的性质并不一致，而且小数据和大数据的处理手段一般来说也不相同。通过小数据可以掌握基本趋势和规律，但如果在实践中应用，其个性化处理能力不强，甚至完全不能提供个性化处理和服务。因此，需要具备数据的抽象和概括思维才能对数据进行深入分析。

其次是数据的领域变换思维。离开了应用领域，大数据及数据挖掘就没有任何生命力。统计学和数据挖掘都可以分为两个方面：一是如何在领域中定义一个数据分析的问题，以及如何把分析结果应用到领域中创造价值；二是分析的手段，也就是通常所说的"挖掘"技术。在数据挖掘学习过程中，可以发现大部分人热衷于对分析手段的学习和研究，而对于前者并不关心。为此，需要具备迅速发现领域需求和通过数据挖掘技术真正解决领域需求的能力，这样才能真正掌握数据挖掘。

再次是使用和制造数据分析工具的思维。对于海量数据、大数据，肉眼观察已经无法理解、掌握和分析，难以发现数据中的规律，以及无法应用数据规律解决实际问题，所以必须借助分析和展现工具软件，需要具备合理利用工具的思维方式和能力。所有的分析挖掘工作需要借助已有的软件包，如果没有合适的软件包，或者软件包不具备相应的功能，则分析工作无法继续进行。

最后是数据的计算思维。所有的数据挖掘问题最终都要落实到计算问题。一方面，在大数据量场景下，对计算的效率要求越来越高，这导致在小数据量场景下完美运行的许多挖掘过程在大数据量场景下不具有可行性；另一方面，由于从一开始就要考虑到数据量的大小，因此，为了使挖掘过程对数据具有可扩展性，应把注意力和精力放在对数据量的考虑和处理上。这两方面都会严重制约数据挖掘过程的顺利实施和有效应用。

基于这些数据挖掘分析思维模式，现在普遍应用的数据挖掘技术主要有以下五种。

（一）关联规则

关联规则使用两个或多个项之间的关联来确定它们之间的模式，关联通常用于销售点系统，以确定产品之间的共同趋势。例如，顾客在超市买草莓时也常买鲜奶油，反之亦然。这是一个非常简单的方法，它可以提供许多企业的日常使用信息，从而提高效率和增加收入，应用领域包括物品的实物摆放组织、市场营销和产品的交叉销售与上销等。

（二）分类

将大量数据根据其特点进行划分，将具有不同特质的数据划分为不同种类，从而将数据库中的数据根据其特点放置在特定的、规定的类型之中，利用时再进行分类调取。例如，淘宝店店主常使用这种方法，通过用户的购买记录对用户进行分类，从而向用户推荐合适的商品来提高店铺的销量。分类法一般应用的数据都具有一定的规律，这类数据容易进行分类，采用分类法进行数据挖掘效果更好。

（三）聚类

聚类是将数据记录组合在一起的方法，这样做通常是为了让最终用户对数据库中发生的事情有一个高层次的认识，查看对象分组情况可以帮助市场细分企业的领域。举个例子，可以使用聚类将市场细分为客户子集，然后根据簇的属性就每个子集制定特定的营销策略，如对一个簇中与另一个簇中的客户的购买模式的对比。

（四）决策树

决策树用于分类或预测数据。决策树从一个简单的问题开始，它有两个或多个答案，每个答案将会引出进一步的问题，该问题又可被用于分类或识别可被进一步分类的数据，或者可以基于每个答案进行预测。

例如，应用决策树图分析手机供应商分类流失的客户，或使客户不更新手机的方法。

（五）序列模式

序列模式能够识别相似事件的趋势或通常情况发生的可能，这种数据挖掘技术经常被用来预测用户购买行为。许多零售商通过数据和序列模式来决定其用于展示的产品。在购物篮应用中，可以使用这些信息，根据浏览频率和过去的购买历史记录自动预测某些商品是否会被添加到购物篮中。

大数据时代，数据的处理与传统的处理方式有着显著的不同，数据挖掘更注重对全体数据的挖掘，而非抽样样本的数据，更注重处理的是效率而非绝对精度。应用数据挖掘技术的流程，可以概括为以下四个步骤。

首先是数据采集。大数据的采集是指运营端接收来自客户端的数据，然后用户可以对这些数据进行简单的查询和处理工作。在大数据的采集过程中，由于可能会同时有成千上万的用户进行访问和操作，所以数据采集面临着并发数高的挑战。

其次是数据存储。互联网数据以"大"为最基本的特点，所以存储起来需要一定的模式和处理系统。目前，除了互联网企业外，数据处理领域主要还是传统数据库管理系统，随着移动互联网的出现和快速发展，再加上数码设备的大规模应用，目前数据的来源主要是通过设备、服务器产生的。机器产生的数据正以几何级数增长，如基因数据、定位数据、图片、医疗数据等，这些数据以非结构化、半结构化为主。近年来，主要通过扩展和封装 Hadoop 来实现对互联网大数据的存储和分析，对于非结构、半结构化数据处理、复杂的数据挖掘和计算模型，大数据的内容是多样的。

再次是数据分析与挖掘。大数据的数据挖掘与传统的数据挖掘方法存在一定的差别，主要体现在三个方面。第一，在大数据平台中，数据的大体量在进行挖掘时需要更高的时效性；第二，数据的多样性特征对模型的绝对计算精度要求会降低，所以可以通过相对计算精度的提升在全样数据上获得更高的计算精度；第三，大数据平台下的数据挖掘可以没有预先设定好的主题，主要是在现有数据中进行基于各种算法的计算，从而起到预测的效果，实现一些高级别数据分析的需求。

最后是数据的可视化。对于数据挖掘最困难的一步就是数据展示和解读数据之间的关系，清晰有效地传达并且沟通数据信息。大数据可视化能够在利用计算机自动化分析能力的同时，充分挖掘人对于可视化信息认知能力的优势，将人、机的各自强项有机结合，借助人机交互式分析方法和交互技术，辅助人们更为直观和高效地洞悉大数据背后的信息、知识与智慧。

通过了解以上的数据挖掘流程可以看到，大数据不仅能够激发人们对于数据新认识与新应用的热情，还可以引发人类对经济发展、社会运行和生产生活的重新审视。因此，企业只有从思想观念上加强对大数据的认识和重视，并且准确把握其思想内涵和精神实质，能够灵活运用数据挖掘的思维和技术，并且积极地探索精准决策的新经验并加以实践，才能有效打破数据壁垒和数字鸿沟，畅通数据双向交互的渠道，进而提升公众获取公共数据资源的效能，同时提高精准决策的效度。

换句话说，当企业导入百度大数据时，百度信息平台就能给企业提供所需的消费人群分析、消费行为分析、品牌偏好分析及风格趋势分析等，从而精准掌握消费者及市场动态，为企业研发设计、品牌推广等提供决策依据，从产品材质、设计到营销渠道、活动策略、品牌推广，精准地服务于目标群体。

同时，百度大数据将市场终端消费信息接入企业管理平台，不仅提高了决策效率和成功率，而且大大降低了机会成本，还可以结合市场发展大趋势找到企业改革与突破的方向，取长补短，持续提高企业竞争力。

由此可见，不管是企业还是行业，未来发展方向都要以终端信息为依据。百度作为最重要的战略平台，依托其大数据，能精准掌控市场和行业发展方向，进而为企业转型升级指引战略方向。

二、云计算：资源集聚与平台经济

关于云计算的定义，目前的说法并不统一。一种说法是云计算技术以分布式作为计算平台，采用分布式数据处理方法，从分布式存储、并行计算两方面双管齐下，在大量数据中挖掘数据背后蕴藏的价值，并且有效解决数据存储、计算、容错等内容要求。在此基础上，谷歌提出分布式文件系统理论并在行业中逐渐发展起来，此系统称为GFS，可以深层次解决数据搜索、存储、分析等要求。另一种观点认为，云计算是一种按使用量付费的模式。这种模式对可配置的IT资源共享池提供了可用的、便捷的、按需供应的网络访问。在这些IT资源被提供的过程中，投入的管理和交流工作很少。

可见，云计算就像一个资源聚集的领地，将处理好的数据信息快速、高效地传递给用户，从而带来便捷、实时的服务体验。当然，这也归因于它有如下四种技术特点。

一是连接的广泛性。云端的IT资源一旦配置完成，云服务的使用者可以通过多种设备终端、不同的传输协议、不同的接口来访问云资源。云服务的使用者可以自由访问这些资源，而云服务的提供者则不需要有更多的介入。

二是云计算在数据存储方面进行了改善，采用分布式储存的方式。分布式存储是较为灵活的存储方式，主要是冗余存储，将同一份数据保存多个备份，具有安全性和可靠性特点。另外，其将计算任务分布在多个模块，分别计算处理后再进行整合，具有高效性，能够满足人们对数据存储的需求。

三是云具有多租户性和资源池的特性。云服务的提供者会把很多IT资源放在一个资源池中，满足不同用户的需求，让用户们各取所需，灵活调用自己的资源，不会相互干扰。

四是云的可度量的使用。也就是说，云计算服务需要像水、电那样，可以清楚地记录其使用状况，并按照使用状况进行收费。

从企业的角度讲，就应该以一种平台经济的角度来看待云计算。在云计算之前，企业如果想要通过互联网来建立企业与客户的联系，就必须成立自己的IT部门，购买域名空间甚至服务器，雇佣IT从业者实现这个目标。如今在云计算时代，企业只需要注册自己的微博、微信公共平台就可以与客户建立联系。更重要的是，这些都是免费的，不再需要雇佣懂IT的工程师，任何人都可以很容易学会，这样不仅节约了企业的成本，而且提高了效率。

云计算类似电网系统，但实际上并非电网系统。在电网系统里，生产电和使用电是分离的，电由发电厂利用它们的发电设备进行生产，然后通过电网系统把电输送到千家万户，如果整个小区都没有电，住户家里也不可能会有电。但是，互联网则不同，云计算建立在分布式计算的基础上，这个系统更像交通系统。比如从A地点到B地点因为施工或者车祸等原因无法通过，但完全可以通过先到C地点然后到B地点，也就是常说的"绕路走"。

总而言之，云计算建立在庞大用户群体参与之上，用户群体分享各自的资源信息，然后使所有资源整合聚集在一起，最终满足几乎所有人的信息需求。

与此同时，云计算也折射出了一个问题，即使用者的数据安全问题。可以这样讲，在互联网服务提供商保持中立的情况下，使用者越多，每个使用者就越安全。举个简单的例子，如果在一家超市只有一个顾客，那么这家超市的营业员很容易记住其每天购买的物品。但是，如果这家超市每天接待上千位顾客，也许会通过监控设备对顾客的行为了如指掌，但不会每时每刻关注。除非是小偷，不然这家超市的营业员是不会对普通顾客在超市里产生的信息数据感兴趣的，即使感兴趣，概率也大大降低。

可见，云计算是一种"中心化"的思维，这里的"中心化"绝非中央集权式的，而是云计算使得计算和数据存储从私人能力转向一种公共能力。换句话说，就是使资源集聚起来，然后提供一个平台供人们搜索和了解信息。

随着信息技术的大踏步发展，信息交换已成为一种常态，社交网络、搜索引擎等都已经成为人们生活的一部分，云计算使得所有用户的信息和在互联网上的冲浪痕迹都能够在云端被统一存储和计算分析，并使得数据形成规模，最终成为一种可以为这个世界带来价值的资源，而大数据时代的来临和数字经济也将建立在云计算的技术支撑之上。

三、物联网：信息感知与万物互联

物联网是新一代信息技术的重要组成部分。物联网技术的出现、发展、成熟将大大改变人们现有的生活环境和习惯，使整个社会的智能化程度越来越高。[①] 在不久的将来，物联网技术必将引起网络社会结构的重大变革，与之相关的各类应用将显著提升整个社会的信息化和智能化水平，也将进一步增强服务社会的能力，从而不断提升我国的综合国力和国际竞争力。

物联网属于新生代网络，用万亿节点表示对象，在不同传感器设备、网络服务器、超级计算机集群中进行数据的传递、汇总、应用。物联网这种新型科技，既包含计算机技术、通信技术，又展示了网络的发展方向。物联网中可通过对物理对象的利用，形成无缝信息网络，利用网络服务加强"智能对象"之间的联系，在安全保障下，解决用户不同需求。

换句话说，物联网是在互联网的基础上，利用射频自动识别技术、无线数据通信技术等，构造一个覆盖世界万事万物的网络。在这个网络中，物品（商品）能够通过传感器进行交流，而无需人的干预，通过互联网实现物品（商品）的自动识别和信息的互联与共享，从而实现信息

---

① 卢向群，潘淑文，常晓鹏. 物联网技术与应用实践［M］. 北京：北京邮电大学出版社，2021.

交换和通信的一种网络。普通的日常用品因为连接而获得了新的生命，它们甚至将具有学习能力，可以通过感知、学习来根据用户的特点对自身的行为做出相应的调整。

传感器可以说是物联网最为基础的组成部分，就好像是人的五官和四肢，正因为传感器的存在，物品才能采集到足够多的信息，最终上传到整个网络的"大脑"。随着信息科技的飞速发展，未来可能有成千上万的传感器被嵌入现实物质世界的各种物品，那么无所不在的传感器就会感知、分析来自世界各地的数据，把整个人类、物质世界连接起来。而目前5G网络技术的快速发展，必将助推物联网的快速发展，进一步提高物联网的数据采集和信息感知能力。

物联网时代的到来，使人类生产生活中的信息连接方式发生了重大变化。更重要的是，众多传统商业模式在很短的时间内被完全颠覆，但在颠覆的同时，也造就了大量新的商业思想和模式，成就了一批新型公司。与同样发展迅速的互联网相比，物联网的到来对人类社会的改变更为全面和深刻。互联网只是实现了人与信息的连接，而物联网则不仅将人与信息连接，而且为多种物品的连接提供了一个全新的平台。可见，物联网使得整个世界变得更像一个生命体，而不是一个冷冰冰的物质世界。同时，物联网所带来的不仅是人们生活上的便利，也蕴藏着大量的商业机会。

在交通领域，车联网就是物联网技术的运用，通过先进的传感器和控制技术等实现数据采集，然后实时监控车辆运行状态，从而降低交通事故发生率。例如，在道路交通方面，以图像识别技术为核心，综合利用射频技术、标签等手段，对交通流量、驾驶违章、行驶路线、道路的占有率等数据进行自动采集和实时传送，相应的系统会对采集到的信息进行汇总分类，并利用识别能力与控制能力进行分析处理，对机动车牌号和车型进行识别、快速处置，同时为交通事件的检测提供详细数据。这样的集成交通运输管理体系，使人、车和路能够紧密配合，不仅改善了交通运输环境、保障了交通安全，而且提高了资源利用率，也会给未来的智能交通领域带来极大的便利。

在农业领域，物联网的应用也非常广泛。智慧农业就是利用物联网、人工智能、大数据等新一代信息技术与农业进行深度融合，实现农业生产全过程的信息感知、精准管理和智能控制的一种全新农业生产方式。应用较为广泛的是可以实现农业可视化诊断、远程控制和灾害预警的功能。例如，通过物联网的连接，可以检测地表温度、家禽的生活情形、农作物灌溉监视情况、土壤酸碱度变化、降水量、风力等，从而进行合理的科学估计，为农民在减灾、抗灾、科学种植等方面提供帮助，完善农业综合效益。

在医疗卫生领域中，物联网的应用是通过传感器与移动设备的连接，对生物生理状态进行捕捉。新技术的应用必须以人为中心，而物联网技术能够有效地帮助医院实现对人和对物的智能化管理。例如，将心跳频率、体力消耗、葡萄糖摄取、血压高低等生命指数记录到电子健康文件里，不仅方便个人或医生进行查阅，还能够监控人体的健康状况，而且把检测到的数据传输到通信终端上，也可以节省医疗开支，使人们的生活更加轻松。这是物联网对传统医疗设备进行的数字化改造，实现了数字化设备管理、监控以及电子病历查阅等功能。

在互联网时代，人们常说网络的出现造就了一个相对独立的数字世界。然而，数字世界的出现并不能满足人们控制现实世界的深层需求，这就为物联网的出现做好了铺垫。物联网使得虚拟的数字世界与现实的物质世界整合为一，处于这一网络中的物品都像被赋予了"读心术"一般，不仅能感知用户的需求和情绪，而且能根据判断自动做出响应。智能家居领域就是一个鲜活的例子，物联网应用于智能家居，能够对家居类产品的位置、状态、变化进行监测，分析其变化特征，同时根据人的需要，在一定的程度上进行反馈。试想，当你拖着疲惫的身躯回到家时，房屋的空调早已开启并设置到了合适的温度，灯光被调节到适合放松的颜色和亮度……这样的场景过去只能出现在科幻电影当中，现在却已成为现实。因此，物联网的出现既是互联网及其相关技术发展的结果，也是基于人性的必然。

四、5G 网：高速低耗与营商环境

移动网络并不是一个十分严格的学术概念。一般来说，移动网络是相对于传统固定网络而言的，传统的固定网络是以不便于移动的电脑为主搭建起来的，所有设备都通过网线连接在一起。而与之相对应的移动网络，是由移动设备为主构成的网络，如手机、平板电脑等，这些设备一般通过电信运营商提供的移动流量连接到网络上，如曾经的 GPRS 及之前普遍使用的 4G。

之所以出现移动网络这个名词，主要是因为移动设备有其自身特点，如尺寸小、便携、没有键盘等。但在软件领域，针对移动设备的这些特点，就需要做很多针对性的特殊设计，如在网络基础设施建设上，移动网络最主要的研究就是移动通信制式与标准。目前发展的 5G 技术就是移动网的又一新突破。随着 5G 技术的诞生，可以将一部 1G 的电影在 8 秒之内下载完成，充分展现了移动网 5G 超高速率、超低时延、超大连接的特征。

说到 5G 网络通信技术，相比于 4G 网络通信技术而言，它在传输速度、传输稳定性和高频传输上都有着非常明显的优势，为实现万物互联提供了内在动力。

首先，5G 网络传输速度的提高会缩短传输过程中所需要的时间，这对于工作效率的提高具有非常重要的作用，所以将 5G 网络通信技术应用在当今社会能极大地推动人类社会的发展。

其次，5G 网络通信技术不仅速度快，在传输稳定性上也有突出的进步。5G 网络通信技术在不同的场景中都能很稳定地传输，这就会使工作的难度大大降低，工作人员在 5G 环境中工作时，不会因为工作环境的场景复杂而造成传输不稳定的情况，从而提高了工作人员的工作效率。

最后，高频传输是 5G 网络通信的核心技术，但目前低频传输的资源越来越紧张，而 5G 网络通信技术的运行需要更大的频率带宽，低频传输技术已经满足不了 5G 技术的需求，所以要更加积极主动地去探索开发。

5G 以"高速度、高稳定性、低功耗和低时延"的极致统一，成为人类世界走向万物互联的关键节点。如果说 4G 时代的到来完成了对人类、信息、娱乐和社交的组网，用有形的终端和无形的网络完成了信息传播和内容分享的通道建设，那么已然到来的 5G 时代，则有可能联结万物，从个人、家庭乃至国家和地球，进一步把数字生活"嵌入"人类衣食住行的方方面面。伴随着电子商务、无现金支付、直播和短视频的出现与普及，每个人都已经潜移默化地与网络连接在了一起。

五、人工智能："智能＋"与智能经济

在人工智能概念提出多年后的今天，人工智能在智能制造、智能金融、智能医疗、智能政府等众多领域取得了巨大突破，一些困扰人类多年的重大经济、社会问题也有望得到解决。可以说，这是一场科技革命推动的智能革命。为此，要把握好新科技革命和产业变革的历史机遇，完善体制机制和政策环境，推进"智能＋"与实体经济的深度融合，加快数字经济和智能经济的发展。

"智能＋"的重点领域是制造业。制造业是实体经济的主体，是技术创新的主战场，也是供给侧结构性改革的重要领域。一方面，制造业需要"智能＋"。只有深度融合人工智能、物联网、大数据、云计算等数字技术，改进技术装备，才能提高生产效率，优化制造的模式，进而促进我国制造业的数字化发展，扭转当前我国制造业大而不强的局面。另一方面，"智能＋"也需要制造业这个大舞台。制造业领域的需求能够为"智能＋"相关的新一代信息技术和新一代人工智能技术产业提供庞大的市场，并从需求端倒逼智能技术进步，同时在与产业融合发展的进程中找到新的突破点，推动智能产业自身的蓬勃发展和壮大。

"智能＋"与金融的结合无疑是对传统银行业的有益补充，能够提

升其服务质量，高效而又便捷地将资金需求方与供给方连接在一起，省去了传统模式中不必要的中间环节。智能金融以速度快、成本低、个性化服务等优势在银行业内发展迅速，并孕育了新的商业模式，各种手机软件的上线，使银行的支付业务、借贷业务和投资业务等多个方面受到冲击。新形势下，银行网点的服务重点正向着客户体验主导型转变，银行开始加大对数字化、智能化研究的投入，努力构建适应客户需求、实时变化的"智慧银行"，积极推行新型智能化自助设备改造服务流程。

随着语音识别、自然语言处理等人工智能技术的深入发展，一批特殊的银行客服正逐渐进入大众的视线。例如，客服机器人已从第一代的问答为主发展到融入深度学习技术的智能客服机器人，它们不仅能理解客户语言的上下文含义，还具有自我学习能力，能够理解口语化问题。

除了智能客服以外，人工智能技术还可以成为用户与金融产品的桥梁，将人工智能和投资顾问结合，产生智能投顾。在平时的生活中，可以看到各式各样的"猜你喜欢"，如视频网站会推荐个性化的影视节目、电商会推荐个性化的商品。随着机器学习的广泛应用，在智能理财领域的智能投顾也能搜集到各类数据，然后识别用户的风险偏好，进而根据用户不同的风险偏好提供个性化的投资方案。

人的风险偏好可能随时发生变化，外部环境以及个人、家庭的突发事件都可能影响用户的风险偏好，但是这些影响因素都可以被量化和记录。智能投顾就是利用人工智能算法，经计算得到一条动态变化的风险偏好变化曲线，使用计算机完成理财顾问服务，最终定制其个性化投资方案。

智能投顾的使用并不需要太多关于金融市场和金融产品的知识，或者经过严谨的问卷调查和评估，智能投顾只要根据客户的年龄、性别、收入、心理特征的差异就可以了解客户的风险偏好。与传统投资顾问相比，其最终目标是服务于大量客户群体，产生规模效益，因此向客户收取的费用相对较低，很多国内的智能投顾甚至没有服务费，因而大大降低了成本。

"智能＋"与医疗的结合实现了医疗过程的信息化、数字化和智能化，即实现患者与医务人员、医疗机构、医疗设备之间顺畅的互动。长久以来，我国医疗资源不足、分布不平衡的问题十分突出，而 AI 技术的融入有助于弥补人才缺口和资源缺口。比如，目前已经较为成熟的智能诊断辅助系统，可对多种癌症、冠心病等疾病进行筛查。电子语音病例、导诊机器人等智能医疗产品，都可以在一定程度上把医疗工作者从技术难度不高且比较耗费时间的工作中解放出来，提高实际诊疗效率。未来，以物联网、AI 技术、云计算等为代表的新一代信息技术，将推动医疗过程向高效率、移动化和个性化的方向发展。

"智能＋"对提升政府治理能力具有深远的意义，为强化政府效率提供了技术支撑。如果借助人工智能执行常规任务，如格式化、自动归类、流转、审批等，政府效率至少可提高 20％。"智能＋"还可以帮助提高政府决策科学化水平，为政府处理海量数据，通过机器学习和精准算法，对数据进行全面科学的分析整合，从而提出前瞻性解决方案。目前，我国人工智能决策辅助系统在税务稽查、投资决策、宏观人口预测、社会公共资源配置等领域已有大量应用。

智能经济是以大数据、人工智能和信息网络为基础、平台和工具的智慧经济，是智慧经济形态的组成部分，突出了智慧经济中智能机和信息网络的地位和作用，体现了知识经济形态和信息经济形态的历史衔接。而"智能＋"时代的到来，契合了智能经济发展步伐，能够促进智能经济加速发展。

第二节　数字经济的推进与治理新路径

与全球数字经济强劲的发展需求相比，无论是法律法规、治理机制，还是数字技术的全面普及，都还处于相对滞后的状态。要想让数字经济最大限度地发挥增长引擎和全球化驱动力，就必须从源头上思考如何促进数字经济健康稳步地发展，制定推进数字经济发展行之有效的战略决策，以及推动数字经济发展的产业政策、加快数字基础设施建设、完善数字经济的人才培养机制，并优化数字经济的营商环境。

一、数字经济的推进策略

（一）基础设施：加快数字基础设施建设

数字基础设施就像是数字经济发展的大舞台，只有搭建好这个舞台，数字经济才能更好更稳定地发展，所以数字基础设施的建设对数字经济的发展至关重要。数字基础设施不仅包括传统的高速宽带、网络等信息基础设施，还包括铁路、公路、水运、电力等传统基础设施的数字化过程。同时，加强信息产权保护和信息安全保障也是数字基础设施建设的范畴。

目前，传统数字基础设施全国普及情况良好，各省间差距也较小。各省都加大力度参与数字基础设施的建设，在改善传统基础设施数字化转型的同时，积极建设数字化基础设施。尤其在传统基础设施的转型升级方面，得益于我国不断推动互联网普及工作，各地区的数字基础设施建设能力飞速发展。

我国不断完善信息基础设施，加快宽带基础设施建设，布局5G网络。目前，全球已有100多个国家实施了宽带战略和行动计划，通过加大宽带网络的普及程度，提高网络用户的普及率，从而有效发挥信息基础设施在建设数字社会中的重要作用。如今，我国十分重视高速网络宽带建设，推动互联网的普及工作，并且积极推进网络提速降费，已取得了突出的成绩。

正在发展的5G网络显示出更高的可靠性和更低的时延性，可以为实现万物互联提供重要基础，有力支撑经济社会的创新发展。和4G相比，5G具有更高的速率、更宽的带宽，能够更好地满足自动驾驶、智能制造等行业应用需求，满足消费者对虚拟现实、超高清视频等更高网络体验的需求。可见，5G技术将给我们带来全新的智能时代，也给传统企业的数字化融合发展带来深刻的变革和广阔的前景。因此，我国应积极打造基于 5G 通信技术的基站和内容平台，尝试将 5G 技术运用于传统服务业，探索 5G 技术在政事、商事、民事上的深度应用，加快 5G 的总体布局规划，为我国数字经济的发展提供重要的基础与内在动力。

随着数字经济的发展，我国正在将俗称"铁公机"的传统物理基础设施转变成数字基础设施，不仅能够开启新的经济机会，创造新的就业岗位，而且提高了我国的经济发展质量。在传统基础设施上加上物联网技术，添加数字层和网络化的传感层，就能够获得以前很难定量化的服务数据，便于相关部门为民众提供更好的基础设施服务。例如，数字化停车系统能够帮助城市管理者了解停车位是否够用，以及是否存在车位没有被有效使用的情况。因此，传统物理基础设施的数字化转型，在节约了运行时间的同时提高了资源的利用率。

传统的基础设施一般对于实际运行状况很难了解，但数字基础设施能够通过快速的数据收集及时了解讯息，并对紧急情况提供相应的预警，大大提高了经济利益和公共安全。以预防桥梁坍塌的数字基础设施为例，对于有几十年甚至上百年寿命的桥梁来说，坍塌往往是由多种原因造成的，而且可能是持续恶化的结果，不知道什么时间会真的塌掉，一般这些情况靠肉眼是很难预测到的，但通过安装联网传感器，就可以实时监测到这些变化，然后及时地采取保护性维修措施，大大降低了维修成本，并且能够避免人员的巨大伤害和财产损失，将损失降到最低。因而，数字基础设施的建设为我国的社会经济效益的提升提供了有力的支持。

数字基础设施通过实时监测，还能够使服务价格更容易获取，从而使供需关系得到动态平衡。例如，模拟电表无法实时读取用电情况，而智能电表却可以，供电商可以根据智能电表监测的用电高峰和低峰，对不同的时间段进行差异化定价；使用智能交通工具，可以探测通行者行驶的不同区域和时间，通过收取不同的费用提高交通运输的效率；网络服务供应商经常利用数字监测工具来统计网络宽带用户的使用情况，然后制定差异性的网络费用，提高网络费用的收益。可见，传统基础设施的数字化建设带来的效益是综合的，因此应该积极实现传统基础设施的数字化、智能化。

物联网已经逐渐融入人们的生产生活，所以加快建设新一代专用物联网设施刻不容缓。要想打造广覆盖、高可靠、低时延物联网网络设施，提供良好的网络覆盖和服务质量，就要进行针对性的物联网建设。对于城市物联网的建设，首先，要完善公共设施物联网平台建设，应将全区道路设施、水电气设施、地下管廊等公共基础设施传感器统一接入，推动城市数据传输、消息分发和协同处理一体化体系的建立。其次，对于企业中工业物联网的应用，最基础的也是构建感知互联的基础网络平台，然后就需要建设机联网、厂联网的基础设施体系，打造智能化工厂车间。最后，应积极引导企业开展工业物联网、信息物理系统等技术的研制和应用，加大物联网技术在工业生产中的应用，充分发挥物联网赋能传统基础设施建设的能力，促进传统基础设施的数字化转型。

在数字经济环境下，互联网提升了信息交流速度，但同时对传统知识产权保护体系形成了前所未有的冲击，因此要强化信息知识产权保护，提高经济发展质量。只有尊重对信息技术做出贡献的成果，才能进一步激发人们创新的积极性。但现有的网络知识产权保护体系未能跟上互联网的发展速度，存在法律确认难、保护范围有争议等问题，所以为保持数字经济健康有序的发展，应将网络交易平台纳入法律监督之内，借助技术手段对网络交易的各阶段进行监控，并加强信息产权保护制度的建立，在我国现有法律规范中补充信息产权的内容，完善信息产权保护机制，严厉追究责任，做到网上商品交易可查、可控、可问责，对于侵权的行为及时发现并且依法采取措施。总之，积极提高信息知识产权保护在法律中的地位，能够促进信息技术产业市场健康有序发展。

人们在享受信息化时代带来便利的同时，也承担着信息化带来的诸多风险，所以要努力建设信息安全保障体系，防范经济损失的发生。网络安全不存在地缘和政治的界限，是全球性的威胁和挑战。目前，以防御为核心的传统安全策略已经过时，信息安全问题正在变成大数据分析问题，海量的安全数据需要被有效地关联、分析和挖掘。所以，要提升信息的安全防护能力，对于网络设施、工控系统、网站等关键信息基础设施要努力提升到安全可控水平，同时支持重点企业管控关键工业控制系统信息安全的风险，推动其加强工业控制安全网关部署，逐步建立起工业控制系统防控与预警平台。政府也要采取相应的措施，积极建立数据资源分类管理和报备制度，推进大数据应用场景下的信息安全保护，提升重要数据的保护能力，加强重要数据安全保护。另外，公民要提高信息安全素养，注意保护自己的身份信息等重要数据。因此，信息安全保障体系的建立，不仅需要政府和企业共同重视并采取相应的措施，还需要个人数据保护意识的提升，这样才能真正有效解决信息安全的问题，为数字经济创造良好的发展环境。

因此，面对数字经济的快速发展，作为其基石的数字基础设施也不能落后，我国要大力促进传统物理基础设施的数字化转型，及时制定适应互联网发展的法律法规，保护信息知识产权、技术创新成果，以及每个人的隐私数据，从而为数字经济的发展提供必要的基础建设和内在动力。

（二）产业政策：推动数字经济发展的产业政策

以互联网为代表的新一代信息技术的深入应用，使得我国数据资产冠于全球，这必将引发新一轮产业政策、治理等领域的深刻变革，我国应坚持发挥国家政策引导作用，推动我国数字产业化和产业数字化的创新发展，积极探索适合我国国情的数字产业发展理论。

产业互联网化是互联网与传统产业的融合创新，目前广泛应用于传统产业的数字化转型，只有充分了解产业互联网的应用新模式，才能提出正确可行的产业政策。产业互联网应用于传统产业形成新业态的过程，不仅是互联网技术与传统产业的融合，将互联网所承载的庞杂信息高效地运用到传统行业的生产、交易、融资、流通等各个环节中，而且是互联网思维对传统产业的渗透。不同于消费互联网，产业互联网以高效率、低成本提供生产性服务，有效地衔接了第一产业、第二产业和第三产业，从而推动实体经济与互联网、大数据、人工智能的深度融合。因此，在生产和消费大循环中，产业互联网是解决生产问题、升级实体产业的根本动力，所以应对产业互联网制定相应的政策制度，为数字经济健康快速的发展提供内在动力。

要大力扶持产业互联网的民族企业走出国门。随着数字经济的发展，数字文明的载体、国家的竞争力都将体现在数据资源的竞争与数字文明的话语权上，产业互联网作为数字与现实的连接者，应积极拓展国家产业网络空间。国家网络空间的壮大不仅可以为各个行业提供数字化的生产服务、流通服务、交易服务，还能带动相关国家的产业结构向数字生态迁移，纳入"一带一路"的总体经济循环，形成数字命运共同体。因此，我国应拓宽数字经济时代的互联网产业发展空间，从而确立我国在数字空间、数字文明、数字经济领域的大国主导地位。

政府应制定相应的推进政策，同时提供一定的资金支持。政府可以设立中国产业互联网研究院，抓紧部署一批产业互联网发展的基础性研究项目，对事关国家战略、民生保障、国民经济发展的核心产业率先开展基础性研究，为产业互联网的发展制定实施计划及基础性项目规划。同时，设立产业互联网投资基金，重点支持产业互联网平台型公司，他们是带动产业整体性转型升级的枢纽，为了更有效地推动平台型公司的发展，需要变被动为主动，把原本给企业的政策性补贴，变为投资产业互联网的引导基金，通过国家资本的引导带动社会资本的投入。

大力发展数字经济已经成了国家层面的战略目标，应制定国家层面的产业发展战略。通过国家的战略引领，政府部门应尽快出台配套的产业发展政策，激励行业组织引导产业实体和科技企业积极响应，吸引国家资本和民间资本大力跟进。在数字产业生态中，经济问题、安全问题、治理问题交织在一起，要尽快建立端到端的数字安全处理机制和全网络空间统一的应急处理机制，寻求整体性、系统性的解决方案。与此同时，出台相关数据安全保护的法律法规，在确保数据、个人隐私安全的基础上，鼓励产业推进数据融合与应用，通过国家的引领为数字经济时代中的产业发展保驾护航。

数字产业治理体系的健全需要不断完善产业风险防范体系，支持创新与加强监管并举。要尽快制定技术标准，形成行业规则，同时加强国际的合作，共同探讨数字经济的国际规则和治理体系。对于网络空间的治理也应大力推动，促使产业发展在发展初期就能够纳入严格的监管和规范，避免出现产业钻法律空子的乱象。另外，要加快国家级的治理体系的基础设施建设，为产业融合发展提供基础保障。数字产业不同于传统产业，其治理和监管的逻辑也完全不同，相应的产业政策也应及时调整、优化。

以数字经济为内核的现代化经济体系的形成，是世界各国都在追求的目标，我们要把握这百年一遇的历史契机，沿着产业互联网的路径坚定地走下去，制定相应的产业政策。不仅要建设一个强大的数字中国，而且要建设数字"一带一路"，最终实现建成数字命运共同体的宏伟目标。

（三）人才培养：完善数字经济的人才培养机制

面对数字经济的飞速发展和数字技术的不断革新，数字人才的培养显得尤为重要。在数字经济与实体经济融合加深的过程中，传统企业不仅需要技术研究人才，还需要把技术应用到实践中的高素质技能型人才，但就目前传统企业人才现状来看，无论从数量上还是质量上，都不能满足企业的发展需求。因此，要想使数字经济更加快速健康地发展，就必须要紧跟数字经济的发展，紧随时代的步伐，不断完善数字经济的人才培养机制。

数字经济发展引起了数字技术的不断革新，要求我们具备较高的数据素养与技能，才能适应数字化的转变。数字技术的创新引发最大的问题就是就业，它一方面会带来新的工作机会，但另一方面会替代一些技术水平较低的原有岗位，带来一定的技术性失业。具体来说，数字技术水平的提升，会使就业门槛提高，让一些不具备先进技术的人无法就业。另外，数字技术的发展更迭速度很快，这就要求我们不断学习，一旦停止了学习，可能就会影响我们在高技能行业的就业问题。因此，提高数据技能水平，增强数据技术的学习是数字经济时代的必然要求。当然，数字人才的培养也需要政府和社会的共同协作，制定完善的培养机制，实施以下措施。

第一，教育是民族振兴和社会进步的基石，强化数字人才的高等教育是重中之重。要深化教育改革，建立健全高等院校、中等职业学校学科专业调整机制，加快推进面向数字经济的新工科建设，如积极发展数字领域新兴专业，促进计算机科学、数据分析与其他专业学科交叉融合，扩大互联网、物联网、大数据、云计算、人工智能等数字人才培养模式。另外，随着产业数字化转型升级，很多院校的人才培养工作跟不上数字经济时代的需求，存在与行业需求脱节、与真实应用脱离、与实际要求脱轨、与企业脱钩等情况。在职业院校、应用型本科高校启动"学历证书＋职业技能等级证书"（即 1＋X 证书）制度试点，鼓励学生在利用数字化技术获得学历证书的同时，积极取得多类职业技能等级证书，这将成为数字经济时代职业教育发展的必然趋势。

第二，加强职业数字技能的培训才能适应数字经济飞速的发展。目前，无论是学生还是在职人员，考取各种各样的职业资格证书已经成为一种趋势，所以国家可以健全职业资格目录，做好有关人才资格认证的工作。面向新成长的劳动力、失业人员等群体，可以增加大数据分析、软件编程、工业软件、数据安全等数字技能方面的职业证书。对于企业来说，可以把人才自主培养作为突破人才短缺屏障的重要途径，如将经费花在数字技能的在职培训上，进一步整合资源，利用资金建立资源共享的数字技能实训基地，系统培养职工的数字技能的能力，从而全面提升职员的数字技能实训能力。

第三，从数字经济飞速发展的形势来看，人们需要不断地学习，因而应积极建设终身学习数字化平台体系。政府、高校、社会教育机构等可以建立一批大规模在线开放课程平台、在线模块化网络课程，这样不仅可以让人们更快找到学习资源进行学习，使自己不会落后于数字时代的发展，而且网络化课程平台的学习方式能方便劳动者们随时随地利用碎片化时间学习，更高效率地提高自身数字素质。同时，企业应完善网络平台教学管理系统，并开展自适应学习实践项目，这样便为职工能动地学习创建良好的环境氛围。因此，面对数字技术日新月异的变化，应努力建设适应数字技能发展的数字化终身学习平台。

第四，吸引社会力量参与数字人才培养。提高数据素养不是一个人的事情，需要全社会的共同参与，所以要吸引社会力量参与数字人才培养的工作。可以探索产教融合、校企合作培养的新模式，并且充分发挥政府职能，加大政府购买服务力度，支持数字经济大型骨干企业与科研院所共建人才培养基地。政府应建立多方协同的职业培训规范管理制度，充分发挥企业、行业协会、培训机构的积极作用，从而为社会数字人才的培训提供更多的机会和场地。

第五，加快健全激励机制。各级政府应该及时抓住数字经济蓬勃发展的大好机遇，进一步解放思想、更新观念，跟上新时代发展的形势。通过制定和发布具有竞争优势的人才引进政策，激发企业人才引进的主体作用，支持企业引进更多高端复合型人才。具体来说，政府应积极引导薪酬分配政策向数字人才倾斜，并且积极探索灵活多样的薪酬分配方式，这样便可以引导大量人才走向数字技能领域。另外，不断完善适应数字经济发展特点的税收征管制度，同时发挥企业主体的作用，完善数字人才在人才落户、岗位聘任、学习进修等方面的福利，从而全面做好数字人才激励工作。

以云计算、物联网、大数据、人工智能、区块链等为代表的新一代数字技术蓬勃发展，成为推动全球产业变革的核心力量，数字技术发展与各领域、各行业融合创新，推动资源要素与模式变革，快速推动企业的转型升级和变革。当今企业的竞争已经从传统的产品竞争转向商业模式竞争，企业需要拥抱数字技术，而数字技术的革新需要人才的推动，所以应加强数字人才培养，但数字人才的培养不是一朝一夕就能完成的，是一个长期的系统的工程，需要各界携起手来，共同交流、探索与合作，最重要的就是建立行之有效的人才培养机制，这样才能为数字经济的发展贡献巨大的力量，推动数字产业迅猛前行。

（四）营商环境：优化数字经济的营商环境

良好的营商环境是企业快速发展的必要条件。数字经济的飞速发展，也会出现营销环境不相适应的情况。要实现未来数字经济健康有序发展，应先优化营销环境。优化数字经济发展下的营销环境离不开政府的宏观调控和企业的积极配合。

世界各国政府在改变商业监管框架方面投入了大量精力，为了推进营商环境变得更加优化，基本是直接采取措施，大幅度修改法律法规。总体而言，其主要目的就是简化流程、简化程序和提高立法效率，加强信息的可及性和透明度。目前，新一代信息技术已经成为推动全球产业变革的核心力量，数字公民、数字政府、数字企业逐渐成为数字经济营商环境中的三个主角。所以，它们只有与时俱进，跟上时代发展，才能推动我国数字经济的发展。因此想要激发市场活力、推动经济活动的数字化，就要将数字化营商环境列入改革的重点。

首先，全面清理政府采购领域妨碍公平竞争的规定和做法。政府不能因为供应商的所有制形式、组织形式或者股权结构，而对供应商实施差别待遇，或者对民营企业设置不平等的条款。另外，政府不能设置供应商规模、成立年限等门槛来限制供应商参与政府采购活动，也不能不依法及时、有效、完整地提供采购项目的信息，妨碍供应商参与政府采购活动。在政府的数字化转型过程中，可以应用大数据、人工智能、云计算等技术优势嵌入政府采购，依靠算法自动识别、监控和预警，减少人为因素的扰动，杜绝违反法律法规相关规定的一切其他妨碍公平竞争的情形，从而促进市场公平有序的竞争。企业不能为了寻求自己的便利，在政府采购活动之前进行不必要的登记、注册，或者要求设立分支机构，这种行为会使政府采购市场进入一定的障碍。因此，各地区、各部门要抓紧整理政府、企业妨碍公平竞争的规定和做法，有关的清理结果也要及时向社会公开。

其次，政府要严格执行公平竞争审查制度。各地区、各部门在制定涉及市场主体的政府采购制度办法时，要严格执行公平竞争审查制度，谨慎评估对市场竞争的影响，防止出现排除、限制市场竞争问题。所以，政府要重点审查对供应商参与政府采购活动设置不合理的制度，如各部门是否设置没有法律法规依据的行政审批，或是否违规给予特定供应商优惠待遇等，如果经审查认为不具有排除、限制竞争效果的，则可以颁布实施，否则不予出台。同时，政府应当定期评估企业采购相关制度对全国统一市场和公平竞争的影响，及时修改、完善妨碍统一市场和公平竞争的情况。

再次，利用数字化技术降低营商环境中的时间和物理成本，并进一步提升政府采购透明度。加快数字技术在电子政务中的应用，以前通过人力去办的事情可以转换成电子化流程，节省人力成本。对于以前浪费大量的纸张来回流转批示的现象，可以实行网上办理，节省资源和成本。因而，用数字政府再造政务流程，不仅推动了深化改革提高行政效率，降低行政成本，而且释放出更多的行政资源为人民群众和企业办事。另外，要利用大数据、云计算、物联网等数字技术完善政府采购信息发布平台服务功能，便于供应商提前了解采购信息，保持市场正常的运行秩序。

最后，完善政府投诉渠道，研究建立与"互联网＋政府"相适应的快速裁决通道，为供应商提供标准统一、高效便捷的维权服务，要做到三个方面：第一，完善政府对于质疑答复的内部控制制度，对于供应商提出的质疑和投诉，政府部门应当及时答复和处理，进一步健全政府投诉处理机制。第二，对于依法处理的方式，专门建立一个融合当事人在线起诉、应诉、举证、质证、参加庭审以及法官立案、分案、审理、判决、执行等诉讼全流程功能模块的网络平台，并通过互联网技术实现大数据、人工智能等科技与审判、执行全流程的融合，技术条件的有效支撑与审判团队的专业知识相结合推动了诉讼链条全程网络化创新。第三，各地区、部门要提高重视程度，充分认识到维护公平竞争市场秩序、优化政府营商环境的重要意义，强化监督检查，确保各项工作的要求都落实到位。

虽然当前我国数字经济的发展速度惊人，但优势更多体现在日新月异的模式创新、庞大的市场容量等方面，基础设施的建设、数字化营商环境与发达国家相比仍有一定的差距。因此，我国要想建成数字经济强国，就必须在更高的层面上参与相关技术、产品、服务的国际化创造，立足优势找策略，从而占得先机和话语权，为我国企业"走出去"创造更多的机会，让更多的中国企业站在国际舞台上，为世界提供"中国方案"，占据规则重构的制高点。

二、数字经济治理的新路径

（一）开放共享：建设数字政府，推进数据开放共享

信息和数据逐渐成为数字经济发展的重要生产要素和基础，在经济和社会发展中，海量的数据信息在不停地运转和流动。加强信息公开和数据开放共享对于数字经济的发展具有重要意义。

政府部门拥有大量的社会信息、数据，若着力于促进数据的开放共享，应以政府数据信息开放为重点，大力推进数字政府的建设。数字政府一般指的是建立在互联网上、以数据为主体的虚拟政府，是一种新型的政府运行模式，其实现了业务数据化、数据业务化以及数据决策、数据服务、数据创新的以新一代信息技术为基础的政府政务架构建设。数字政府不仅是"互联网＋政务"深度发展的必然结果，还是现阶段大数据发展背景下政府转型升级的自觉之路。

在数字政府的环境下，政务数据信息可以得到快速便捷的流通与共享，打造政务数字化服务链，提升政府的治理能力。政府的数字化转型，是指政府在治理过程中，以大数据"智能化"技术手段感知、分析、整合社会运行核心的各项关键信息，并通过经济组织、社会组织和公众的参与和协作，对政府决策和各项社会活动治理作出智能的响应。

具体来讲，进一步推动建立统一的数据采集传输标准、数据交换平台和数据共享机制，同时研究促进数据开放共享的政策法规，有利于打破数据壁垒、消除信息孤岛，从而推动市场监管、公共服务、民生保障和社会治理等方面实现数据共享，最终建立更具责任性，更值得信赖，更加开放、透明、高效的政府，为数字经济的发展提供强有力的支撑。

要实现政务数据信息的开放共享，促进政务服务效率与质量的提升，需要发挥政策优势，以标准化为切入点，逐步应用并完善云端共享平台，深度融合机制与技术的创新，保障配套资源支撑，分阶段、有重点地推进政务数据的共享。

首先，要建立健全政策法规和标准规范体系，切实有效地为政府数据开放提供政策层面的架构支持与保障。政府信息应以公开为原则、不公开为例外，对于不公开的信息要明确列举不得公开的理由，进一步推动政务信息透明公开化的实施。除此之外，所有政务信息都必须及时公之于众，接受群众的监督。同时，强化安全与隐私保护体系建设，切实保障数据安全，确保数据安全透明，构建基于自适应安全架构的主动防御体系。总之，政府应在依法进行数据保护的前提下，大力推动政府数据资源开放共享，加快推动政务信息资源开发再利用。

其次，加强对各级政府工作人员的数字化培训，推进政府数字化建设。大数据、云计算、人工智能等新兴技术的快速发展，给政府组织形态和运作模式都带来了剧烈冲击，也给许多政府工作人员带来了巨大的压力，使得人们有了一定危机意识，所以要抓紧加快对他们的数字化培训，以推动数字政府的快速建立。从短期来看，应做好各级干部的数字化知识和技能培训工作，集中培训一轮，提升机关公务员利用互联网技术和信息化手段开展工作的意识和能力。从长期来看，要制定适应数字政府发展要求的人才战略和措施，建立人才培养、引进、流动和使用机制，各部门应加强信息化机构和专职工作人员的配备，建立有效的数据管理体系和数据开放人才培养机制，为政务数据开放提供保障，从而推动信息化与业务的真正融合，为政府数据的开放共享奠定良好的基础。

最后，要以制度创新、业务创新、技术创新驱动数字政府改革建设，形成数字政府整体化运行新模式。以政府行政运作过程中的各类问题和需求为导向，按需实现信息的高效共享和跨部门的无缝协作，提高政府的整体运行效率。可以借鉴英国数字政府的建设经验，它们分为三个层面：战略层面，在以用户为中心前提下，存在着从技术到服务，再到政府转型的演变脉络；工具层面，始终聚焦通过持续改革创新提高服务效率和效益；治理层面，保持了内阁的集中领导，并逐步形成政府部门、学界、产业界和用户共同参与的治理网络。我国政府应充分利用有益经验，合理消化吸收，充分发挥市场的主观能动性，盘活政务信息资源，从而最大化实现政府数据的经济社会价值。

（二）数据素养：加强数字公民教育，提升数据素养

随着新一代信息技术和新一代人工智能技术的迅猛发展，人类社会正在经历一场由大数据引发的革命，一个"一切都被记录，一切都被分析"的数据化时代的到来是不可抗拒的。在这样的大数据环境下，个体如何更好地适应新时代发展的要求，成了亟待解决的问题。而数据素养则是个体适应大数据时代发展的重要生存技能。

所谓数据素养，是指人们有效地发现、评估和使用信息数据的一种意识和能力。[①] 通俗来讲，数据素养就是在新技术环境下，从获取、理解、整合到评价、交流的整个过程中使用数据资源，使得人们拥有参与社会进程的能力，它既包括对数字资源的接受能力，也包括对数字资源的给予能力。这里可以举一个通俗易懂的例子，大部分的消费商都会雇用一些销售员进行销售，那么在当今时代，销售员不仅仅要进行货物的销售，还要将已售商品进行价格录入和销售业绩的汇总，这都需要一个人具有数据的获取与理解能力。从一个简单的销售员的例子，可以深刻感受到数据素养的重要性。在大数据飞速发展的时代，数据素养会潜移默化地影响人们的工作、生活。

---

① 覃事刚，姚瑶，李奇. 大数据技术基础［M］. 北京：航空工业出版社，2021.

一部人类社会的历史，既是一部生产和经济发展的历史，又是一部人类自身不断完善、素质和能力不断提高的历史。如今，恰逢大数据与数字经济快速发展的历史机遇，数据素养的提升就个人而言，能促使个体解放思想，更新自身的思维模式，提高自身对现实问题的分析和解决能力；就科研人员而言，许多学者分别从自身领域的角度对一系列大数据相关内容进行研究，如从哲学角度反思审视数据、大数据引发的各种隐私问题与伦理问题、数据权利与数据权属问题等，通过数据管理和统计方法分析数据库和文档而获得对事物的认识，这也标志着数据素养成为科研人员开展科研活动的必备素养。就企业而言，数据素养成为企业创新能力提升与可持续发展的重要依托，成为大数据时代下企业脱颖而出、占领市场的重要技能；就国家而言，数据素养也将成为评价国民综合素质的一项重要指标，成为一个国家数据发展水平、创新发展能力与国际竞争力的重要评比因素。可见，数据素养已然成为个人、企业与国家生存与发展的必备技能，如果不想被时代淘汰，我们就必须提高自身的数据素养。然而，个体数据素养的提高不是靠几个人的努力就能实现的，需要政府、机构、企业等相关部门的通力配合、共同努力，广泛传播数据素养的重要性，并且采取相应的实践与措施，最终实现数据素养的大幅度提升，以便更好地迎接大数据时代。

数据意识是数据素养的先导，政府部门及相关团体应积极采取相应的措施，提升公民的数据意识。各级政府应给予政策、资金、人才等方面的大力支持，同时国家政府、组织机构、社会媒体和各地区学校应加强通力合作，合力开展相应的教育普及工作。在宣传力度方面政府应发挥其号召作用，在社会上营造一种尊重数据、收集数据、使用数据和共享数据的社会文化氛围，让大家意识到数据素养的重要性。与此同时，可以利用新旧媒体的力量，在社会上进行广泛的宣传和教育，使人们意识到数据的重要价值，意识到数据对人们的生存和发展的必要性，切实增强人们的数据意识。此外，学校也要通过不同的教学平台加强学生的数据素养教育，为培养其数据意识奠定良好的基础。只有整个社会积极倡导、鼓励支持，个人才能不断地加强自身数字素养方面的意识。

数据伦理是数据素养的行为准则，需要坚定道德自律，合理安全地利用数据。政府部门要在充分保证国家信息和数据安全、尊重公民个人隐私的前提下，谨慎制定网络审查制度，避免不必要或者不合理地限制网络信息，还要充分尊重社会主体对信息和数据的有效、合理使用。同时，加大对违反数字素养行为的惩戒力度，使社会主体在使用、传播大数据的时候有所敬畏。企业应加强责任意识，正确处理好数据经济发展与个人隐私保护的关系，遵守数据伦理底线，保护个人隐私，而个人要树立法治观念，增强数据安全意识，关键是要提升自身数据道德修养，坚定道德自律，合理准确地利用数据。总之，数据素养是每个公民的基本权利，任何其他社会主体不得侵犯，数据的规范性和安全性使用才是数据正确的价值走向。

公民数据素养的提升不仅是缩小"数据鸿沟"的客观要求，也在为大数据与数字经济的发展提供有力支撑。各个国家为了未来在数字素养方面不落后于其他国家，获取数字经济发展的相对优势，都将数字公民素养培育放到了教育领域，同时鼓励各社会组织机构和社会公民积极参与数字公民素养的建设，以期通过教育的方式提高公民的数据技能，加快全社会的数字化转型，促进数字经济快速的发展。

根据国外的相关教育实践经验，我国也开展了以教育为主的提升数据技能的实践，所以学校就成了公民数据技能培育和提升的主阵地。我国对学生的数据技能的培训主要通过各种研究方法类课程以及相关的实践进行，有些数据知识和技能已经嵌入、整合到各个专业课程的教学中，但有些课程的设置还不够完善，数据素养教育与学科服务结合得不够紧密，应把数据技能教育充分融入学科服务、信息素养教育框架之中，以此针对不同学科、不同层次科研人员的需求。在实践方面，大数据工程师、统计专家和计算机专业人士开展相互合作，参与大学教育的有关环节。与此同时，学校加大了对师资队伍数据素养的培养，帮助教师在课程中具有整合数据素养技术，从而提升学生对数据处理和解读的能力。

（三）法律建设：重视数据法治建设，保护用户隐私和安全

随着人类社会向网络空间的大规模迁移，人们在互联网上花费的时间越来越多，安全与隐私的泄露问题逐渐被重视。数字经济重要特点之一就是网络的广泛连接，人、机、物通过网络连接起来，被数据化的信息就大量流动了起来，因而人们采集、获取信息变得更加容易。但是，由于数据中包含着重要信息和蕴藏着巨大价值，其不当使用将会给人们带来损害。因此，需要高度重视数字经发展中的数据安全和用户隐私泄露问题。

由于数据权利兼具人格权和财产权双重属性，在大数据时代呈现出巨大的发展潜力，并且成了研究算法和人工智能技术等领域的前提基础，企业间争夺用户数据的事件也时有发生。许多网络信息平台在商业利益的诱惑下，将所收集的消费者隐私信息用于其他用途或是出售给第三方，导致大量的隐私信息泄露。

同时，由于缺乏成熟的数据保护技术，公众数据保护意识不强，也会导致数据库中的个人隐私信息极易泄露，并存在被恶意使用的风险。层出不穷的信息泄露事件都在提醒着我们，要重视数据信息的保护，重视自己隐私信息的合法收集、限制使用与安全储存。

在大数据时代下，很多对个人数据信息不当的利用行为伴随着隐私侵犯的风险。数据权利归属不够明晰实质上对于用户数据权利的实现也会产生不利影响。目前，虽然很多企业在提供服务前，会先行弹出授权界面，但实际上受制于格式合同的用户仍然处于相对弱势，并不具备拒绝同意条款的能力。在很多情形下，用户一旦选择拒绝同意则完全无法获得相应服务，影响其正常的服务需求，如出行、购物、网络聊天和论坛交流等，所以只能选择同意。

以网络上许多第三方软件为例，测试人的命运的小程序，用户要想成功测试自己所谓的前世身份、爱情观等，就得输入个人姓名、性别、生辰八字、手机号等信息，否则无法享受服务，这实际上是后台运营商

收集个人隐私数据的手段，运营商完全可以根据用户所输入的个人信息拼凑出完整的隐私资料，引发电信诈骗和电信盗窃等违法行为，从而威胁用户的实际利益。

法律具有滞后性，一般很难跟上技术和经济发展的步伐。数字经济的快速发展与滞后的现存法律、规范和制度之间必然存在着冲突和摩擦，这是影响用户数据安全和隐私保护的重要问题。这个问题主要表现在两个方面：其一，数字经济冲破了既有的制度和法律框架；其二，数字经济发展出现的一些新现象、新内容、新业态缺乏适用的法律规范。

尽管在数字经济发展中面临诸多挑战，但不能因噎废食，而应努力营造包容审慎、鼓励创新、规范有序的发展环境，避免过度使用固有思维和框架对其监管，建立适应新时代发展要求的法律法规。同时，提升公民自身数据隐私的保护意识，在个人数据信息的使用和保护之间寻找平衡点，实现大数据的安全保障体系与个人的信息保护的有机结合，争取在隐私保护允许的范围内充分发挥大数据的应用优势，从而推动大数据与数字经济的稳定发展。

首先，完善隐私保护的法律政策体系。大数据交易平台要制定对于平台交易主体违规操作的惩罚规则，通过专门立法，明确网络运营者收集用户信息的原则、程序，明确其对收集到的信息的保密和保护义务，对于不当使用、保护不力的情况应承担相应的责任。同时，由于社会中总出现利用公民信息违法犯罪的现象，所以公安机关要加大对网络攻击、网络诈骗、网络有害信息等违法犯罪活动的打击力度，切断网络犯罪利益的链条，持续形成高压态势，落实法律保护公民个人信息的规定，使广大公民的合法权益免受侵害。总之，应立足国情，从我国数字经济发展的现状出发，制定符合自身发展需要的个人信息保护法律，完善法律体系，使人们在享受数字化所带来的便利的同时，避免个人信息数字化所带来的安全和隐私风险。

其次，提升数据信息保护的技术水平，健全数据平台使用的监管机制。目前，我国个人隐私信息服务和存储平台的建设还不够完善，而个人信息又具有巨大的商业价值，所以政府应加强对个人隐私信息服务平台的监督。平台要做的就是对从业人员进行严格监管，使得平台的工作人员具有高度诚信，在数据交易过程中不偏袒任何一方，在交易过程中对其知悉的有关大数据产品的信息要尽到保密义务。同时，严格审查平台注册会员的资格，保障平台的交易主体具有较高的信用。另外，针对系统漏洞和技术薄弱处应更新技术保护手段、加强数据库的安全维护，同时更要强化数据库监管，可设立数据库监管的执法机关，针对数据库管理和使用机构内部人员违法盗取或出售个人数据的行为进行监管并处罚。正在逐渐走向大众的区块链技术，其"去中心化""集体维护"和"匿名化"等技术特点，有效保护了数据开放下开放化、透明化的个人隐私。

最后，强化公众的隐私保护意识。政府应加强宣传数据安全的重要性，引导公众提升保护自身隐私的主观能动性，主动拒绝不良网站、企业等非法收集个人信息的要求。当遇到侵犯个人隐私的行为时要勇于发声，拿起法律的武器捍卫自己的隐私权利。当有各种来路不明的网站要获取个人的信息时，不要因为一点利益而出卖自己的身份信息，因为这可能会导致更严重的利益损失。如果不幸遇到自己的隐私信息被侵犯，也要积极维权，在侵权责任纠纷中，受害者应积极向法院主张其权利被侵害且要求赔偿损失，并提供初步证据证明其权利被侵害的事实才能立案，立案后要提供确切、真实的证据说明自身受到的损失，积极维护自身的权益不被侵犯。

目前，有关国家保密方面相关的法律法规比较健全，但在个人隐私保护方面的法律却有所缺失。因此，政府应加大相关法律制定的力度，企业自身也需要自律，对于数据中心行业的从业者行为要进行规范，促进和保障数据中心行业健康发展。政府可以说是世界上最大的数据收集者和消费者，每天有大量的数据通过政府处理，所以也是保护数据隐私的一道重要防线。

（四）伦理建设：加强数据伦理建设，汇聚向上向善力量

随着大数据、人工智能、区块链、物联网等前沿科技的快速发展，智能时代已然到来，对社会生产方式、生活方式甚至休闲娱乐方式造成了全面、系统的冲击，同时对包括伦理道德建设在内的精神文化建设产生巨大的影响。除了会出现侵犯个人隐私的现象，也会引发新一轮的伦理道德走偏的问题。因此需要着重加强对数据伦理道德的建设，确保科技伦理道德遵从人类伦理道德，汇聚向上向善的强大力量。

随着数字技术的不断进步，机器逐渐代替人搬运重物、快速计算，不仅大大提高了工业制造的效率，而且使人从繁重的工作中解放了出来，于是人类对于机器制造的依赖远远大于对其的担忧。但随着新技术的不断涌现，人工智能已经逐步可以实现像人类一样的感知、认知和行为，在功能上也可以模拟人的智能与行动，甚至可以代替许多人类思维方面的工作，而不仅仅停留在帮助人们搬运或者计算。可见，人工智能已不再是单纯的工具，开始逐渐进入人类的认知世界，不断模糊着物理世界和个人的界限，刷新人的认知和社会关系。如此下去，如果不及时采取相应的措施，必将延伸出复杂的伦理、法律和安全问题。

为提前预防和有效化解伦理道德危机，应从战略上高度重视前沿技术的监管措施。政府部门要率先统筹相关部门的资源，积极探索前沿技术发展的所有阶段会产生什么伦理道德问题和社会影响，再制定相应的法律法规，而不能采取自由放纵的做法或事后再应对的措施。要求技术研发企业扩大新技术研发和应用的透明度，并且能够实行政府问责制，对于促进技术进步且符合普遍价值、伦理道德的企业，可以推选其为社会典范，引领科技研发的正风气。总之，伦理问题的高效解决不仅需要政府的努力，还需要企业、学术界和民间社会的相互合作，共同促进技术的健康创新和伦理道德规范的建立。

除了政府监管，更重要的是科研人员具有自觉的科技伦理意识。应树立和强化使用者的主体性和意识，强化人的主体意识有助于使我们走出数字化技术带来的道德危机。

当前，我国各类教育中普遍欠缺科技伦理问题的内容，这就导致我国科研人员在技术研发与应用的各个环节不能很好地把握伦理边界，出现一些伦理事件。因此，我们需要建立完善的科技伦理教育机制，督促科研人员加强对科技伦理的重视与思考，争取从"他律"走向"自律"，秉持向上向善之心，不再仅仅局限于把技术和产品快速研发出来，而是更多地考虑开发的技术和产品对于社会的影响，肩负起科技进步和社会健康发展的责任。政府应加强科技伦理教育的宣传与引导，科研人员和社会公众才能产生科技伦理上的自觉意识。只有这样才有可能实现对前沿技术发展的良好治理，从而健康有序地促进新技术的进步。

一个负责任的科技大国必须坚守科技发展的伦理底线，完善国家的科技伦理道德建设。现代科学技术与经济社会以异乎寻常的速度整合和相互建构，但其高度的专业化、知识化和技术化使圈外人很难对其中的风险和不确定性有准确的认知和判断，没有来自科学共同体内部的风险预警和自我反思，任何一种社会治理模式都很难奏效。因此，国家要加强对于科技伦理问题的深入研究和研讨，积极组建国家科技伦理委员会，加强科技风险与预测方面的研究，进行统筹规范和指导协调，从而推动构建覆盖全面、规范有序、协调一致的科技伦理治理体系。

我国不仅自身要进行科技伦理方面的研究，也要积极参与国际伦理治理。围绕伦理原则及规范的博弈会凸显不同宗教、哲学和价值观的冲突，伦理议程的讨论也会体现出伦理问题在不同社会存在的差异。因此，我们需要在中国文化所蕴含的伦理思想中探寻适应科学研究及技术应用的指导原则。同时，我国要积极参与国际科技和经济治理的研究，不仅在国际伦理规则制定中发出中国声音，而且让中国的伦理思想及话语成为国际伦理治理的重要源泉。因此，将中国的科技伦理研究和国际伦理治理挂钩，既可以在全球坐标下拓展学术新领域，又可以在国际伦理规制方面贡献出中国思想与智慧。

（五）弥合鸿沟：弥合数据鸿沟，实现普惠发展

数字鸿沟由以互联网为代表的新数字媒体接触和使用状况的差异导

致，表现在利用数字技术创造财富能力的差距。目前，在全球的发展中逐渐造成国与国之间、国家内部群体之间的差距日益增大。

随着数字经济的迅猛发展，我们正处于人类有史以来最伟大的数字变革之中，手机和互联网只花费了仅仅几年的时间，就逐渐渗透到了人们的生产生活之中，如网购、滴滴出行、共享单车等新业态蓬勃发展。所以要牢牢抓住数字变革这一契机，充分发展数字技术这一普惠的新技术，建设更为连通和繁荣的数字世界。

我国内部的数字鸿沟主要表现在不同性别、不同年龄、不同职业以及城乡之间数字接入和使用的差异，这些差异实际上涉及社会公正问题，把社会分为两大群体，即"信息富有者"拥有高性能的计算机、完善的网络服务、高超的信息技术使用技能、超强的信息意识，可以享受到信息化社会带来的各种数字红利；"信息贫困者"出于各种主客观原因无法与"信息富有者"一同参与创造和分享社会文明成果，反过来会降低信息弱势群体的社会地位和受教育水平，与现代化隔离。

另外，数字鸿沟的产生与国家的发展水平密切相关，其存在不利于数字技术的扩散应用和数字经济的持续发展。若数字化不能惠及大部分人，不仅会削弱数字化产业发展的积极性，还会抑制数字溢出效应。只有提高人民群众对数字经济的参与度，才能够为消费者和企业家创造更多的可能性，数字技术的提供商才会积极参与持续创新的行列。因此，准确理解了数字鸿沟的内涵，深刻了解数字鸿沟的危害性后，在提升数字竞争力的同时，要采取相应的措施和建设，发挥政府的引导作用，以及社会各界力量协同参与弥合数字鸿沟，让整个国家和人民共享数字红利，实现数字经济的可持续发展。要想弥合数字鸿沟，应采取以下措施：

首先，要加大网络基础设施建设，促进网络普及。网络设施的部署受制于经济实力、自然地理、人口密度、社会需求等多重因素，基础电信企业从市场规律出发，往往优先在成本低、经济性较好的地区部署先进技术，再向成本高、收益低的地区逐步拓展网络。对此，国家有必要加快建设高覆盖率、高速、可靠的数字基础设施，对于基础电信企业因收益难以覆盖成本而不投入建设的情况，政府应积极给予资金和政策的支持，从而缩小国家内部不同群体之间的差距和个体经济参与度方面的差距。另外，网络基础设施的成功覆盖，提供高质量的、个人可负担的宽带，为数据中心、云计算、大数据和物联网等数字技术的使用和发展提供了必要条件。

其次，提高网络使用能力，释放网络安全服务的需求。低收入国家互联网使用率低的主要原因是人们的购买率比较低，缺乏对互联网使用价值的认识，也缺乏对网络安全的信任。每一位公民都享有获取文化信息的平等权利，因此必须建立健全对公民的信息权益保障体制，确立在信息访问和获取面前人人平等的核心思想，对老少边穷地区加大建设公共电信基础设施和发展民众公共教育的力度。

最后，提高劳动者的数字技能，以适应经济发展需要。由于数字技术变革速度快，所需的技术种类也在迅速变化，因此劳动者需要在整个职业生涯中不断更新数字经济所需技能。所以要大力推进终身教育和学习型社会建设，让企业和劳动者建立终身学习的机制。

数字鸿沟正伴随着数字经济的快速发展呈扩大之势，这成为数字时代日益突出的社会问题。若想越来越多的人跻身数字时代，成为数字公民，享受数字红利，就应积极采取相应的措施，为数字经济的发展创造良好的发展环境，让数字鸿沟转变为数字机遇，促进我国经济和社会的健康发展。

第二章

农村电商理论基础

第一节　农村电商的概念与特征

一、农村电商的概念

（一）电商

电商，指电子商务，是一个比较新的概念。世界对电子商务的研究始于 20 世纪 70 年代末，我国的电子商务及其研究起步更晚些，但进展还是比较快的。电子商务通常是指在全球各地广泛的商业贸易活动中，在因特网开放的网络环境下，基于浏览器/服务器应用方式，买卖双方不用直接见面进行各种商贸活动，实现消费者的网上购物、商户之间的网上交易和在线电子支付以及各种商务活动、交易活动、金融活动和相关的综合服务活动的一种新型的商业运营模式。①

电子商务是利用微电脑技术和网络通信技术进行的商务活动。各国政府、学者、企业界人士根据自己所处的地位和对电子商务参与的角度和程度的不同，给出了许多不同的定义。电子商务分为 ABC、B2B、B2C、C2C、B2M、M2C、B2A（即 B2G）、C2A（即 C2G）、O2O 电子商务模式等。

从定义上来说，电子商务分为广义和狭义的电子商务。

---

① 桂学文．谢浩．电子商务服务产业结构与协同发展［M］．武汉：华中师范大学出版社，2019.

广义的电子商务定义为使用各种电子工具从事商务活动；狭义的电子商务（Electronic Commerce，简称 EC）是指通过使用互联网等电子工具（包括电报、电话、广播、电视、传真、计算机、计算机网络、移动通信等）在全球范围内进行的商务贸易活动，是以计算机网络为基础所进行的各种商务活动，包括商品和服务的提供者、广告商、消费者、中介商等有关各方行为的总和。

无论是广义的还是狭义的电子商务的概念都涵盖了两个方面：一是离不开互联网这个平台，没有了网络，就称不上电子商务；二是通过互联网完成的是一种商务活动。人们一般理解的电子商务是指狭义上的电子商务。

（二）农村电商

农村，指乡下，是不同于城市、城镇，以从事农业生产为主的劳动者聚居的地方。其包含集镇、村落，以农业产业（自然经济和第一产业）为主，包括各种农场（包括畜牧和水产养殖场）、林场（林业生产区）、园艺和蔬菜生产等。与人口集中的城镇相比，农村地区人口呈散落形式。

一直以来，人们将目光投向城市电子商务，却忽视了农村电子商务的发展。如今，电子商务在农村不断发展壮大，为农村带来了巨大的变化。随着电脑下乡运动的不断展开，有业内人士预言，未来几年农村电子商务将呈爆发性增长。

农村电商是指利用互联网、计算机、多媒体等现代信息技术，为从事涉农领域的生产经营主体提供在网上完成产品或服务的销售、购买和电子支付等业务交易的过程。

农业网站平台是农村电子商务的主要载体，包含政府、企业、商家、消费者以及认证中心、配送中心、物流中心、金融机构、监管机构等各方面因素，通过网络将相关要素组织在一起，其中信息技术扮演着极其重要的基础性的角色。

农村电子商务平台配合密集的乡村连锁网点，运用数字化、信息化的手段，通过集约化管理、市场化运作、成体系的跨区域跨行业联合，构筑紧凑而有序的商业联合体，降低农村商业成本、扩大农村商业领域，使农民成为平台的最大获利者，使商家获得新的利润增长。

农村电子商务服务包含网上农贸市场、特色旅游、特色经济数字农家乐、招商引资等内容。

网上农贸市场：传递农、林、渔、牧业供求信息，帮助外商出入市场，帮助农民开拓国内市场、走向国际市场；传递农产品市场行情和动态，有利于企业捕捉商机。

特色旅游：依托当地旅游资源，通过宣传扩大对外知名度和影响力；全方位介绍旅游线路、特色产品、企业信息，发展旅游经济。

特色经济：通过宣传、介绍各个地区的特色经济、特色产业和相关的名优企业、产品等，扩大产品销售通路，加快地区特色经济、名优企业的发展。

数字农家乐：为有地方风情的各种餐饮娱乐设施，提供网上展示和宣传的渠道；运用地理信息系统技术，把全市农家乐分布情况制成电子地图，同时采集农家乐基本信息，囊括风景、饮食、娱乐等各方面的特色；既方便城市居民的出行，又使得农家乐获得广泛客源，实现城市与农村的互动，增加当地农民收入。

招商引资：搭建各级政府部门招商引资平台，介绍政府规划发展的开发区、生产基地、投资环境和招商信息，吸引投资者到各地区进行投资活动。

为了促进农村电商发展，要做到如下四点：

第一，扩大农村电商的应用。鼓励社会资本、供销社等各类主体建设涉农电商平台，拓宽农产品、民俗产品、乡村旅游市场，在促进工业品下乡的同时，为农产品进城拓展更大空间。优先在革命老区、贫困地区开展电商进农村综合示范，增加就业和增收渠道。

第二，改善农村电商发展环境。完善交通、信息、产地集配、冷链等相关设施，鼓励农村商贸企业建设配送中心，发展第三方配送等，提高流通效率。

第三，营造良好网络消费环境。严打网上销售假冒伪劣商品等违法行为。

第四，加大农村电商政策扶持。对符合条件的给予担保贷款及贴息。鼓励金融机构创新网上支付、供应链贷款等产品，简化小额短期贷款手续，加大对电商创业的信贷支持。大力培养农村电商人才，鼓励通过网络创业就业，让亿万农民通过"触网"走上"双创"新舞台。

二、农村电商的特征

进入 21 世纪后，我国的农村电商一直在发展，并呈现出以下五个特点。

（一）网购人群偏年轻

农村电子商务市场最重要的特点就是年轻，它比城市居民的网购人群年龄更加年轻，因为年轻的人更易接受电子商务的形式。未来这个主力消费人群在农村市场比城镇更有力。

（二）农村手机上网比例高

PC 互联网时代是网购市场的成长时代，但是在移动互联网时代，由于手机的方便性和低成本，反而使农村网购市场成为高增长市场。

（三）农村居民网购目的是稀缺产品

根据网购消费者的需求特征分析，生产资料和日用品、家电、服装等需求较大，社保、资金的转存以及水电煤的缴费也不可小觑。大部分村民主要购买日常买不到的商品，网购提供给村民的最大价值是可以购买买不到的商品，而不是买便宜的商品。

（四）农村电商模式多样

从不同的角度划分，可以分为许多不同的模式。如浙江遂昌模式，浙江丽水模式，吉林通榆模式，河北清河模式，陕西武功模式，货通天下农商产业联盟模式，农产品供应商＋联盟＋采购企业模式等。

（五）农资电商仍然是农村电商的软肋

农资电商具有较大的市场空间，但是发展过程十分艰难，存在数量较少、经营量和交易额不高、假冒劣商品较多、没有成熟的商业模式、起步较晚的问题。

第二节　农村电商的意义与变革

一、发展农村电商的意义

农村经济转型已成为推动国家经济持续、稳定发展的重要因素。由于农村信息闭塞，只能靠粗放型的经营模式维持产业增长，无法向集约型、高技术含量的经营模式转型。[①] 因此，相比城市经济而言，农村生产模式落后、附加值很低、发展速度低于城市。而农村电商的出现，彻底解决了这些问题，农村经济也将正式迈入全新的电商时代。

农村需要农村电商，农民也需要通过电商买卖增加收入。农村电商的初衷是让农民享受更为便捷、富裕的生活。农村电商激活的不仅是乡村的商业生态，还有社会生态，即人的生存状态和人与人之间的关系。

市场对产品"品牌化""规模化""标准化""可溯源"等的要求，必然会使乡村产品从分散的、非标准的状态向"标准化""品牌化""可溯源"方向发展，使农民从一家一户的分散经营走向合作社形式的联合，使农产品的生产、销售实现"规模化"。因此而产生的诚实、信用等商业伦理要求，对品质、卫生、标准化等的要求，也必然会影响村民交往方式和生活习惯，从而使乡村发生全方位的变化。

改善、提高生活境况是人类的本能。乡村空心化的产生，很大程度上是因为城市能使他们获得更高的收入，能使生活状况得到改善。如果有一种渠道，使乡村人口不必离开乡村进入城市，即可获得同样增加收

---

① 李锦顺. 电子商务助力乡村振兴 ［M］. 北京：华龄出版社，2022.

入的机会，他们就有可能返回乡村，乡村的空心化问题将得到缓解。

（一）农村电商的三大优势

1. 降低农业生产风险

绝大多数农民从事农业生产，往往并不是以市场需求为导向，更多的是一种习惯性生产行为。这种习惯性行为导致需求与供给矛盾，带来了极大的农业生产风险。农业电子商务的应用能够让农业生产者准确、实时了解市场动态信息，了解市场需求状况，降低农业生产风险，合理组织生产，避免因产量和价格的波动带来效益不稳定。

2. 降低农产品交易成本

传统农产品供应链环节较长，从农业生产者到消费者环节较多，导致农产品在储运、加工和销售环节中的成本过高。电子商务将农产品直接推向市场，拓展传统交易方式的同时，简化了供应链环节，降低了农产品交易成本。

3. 增加农业收入

农产品销售渠道比较单一，一般都销往本地，或者等待上门采购。但是对于农业生产而言，电子商务突破了时空的限制，降低了交易信息的不对称程度，使交易主体多元化，拓宽农产品的销售渠道，提升农产品价格，增加农民收入。

电子商务不仅使农民受益，更重要的是电子商务将推动农业、农村现代化进程，进而减少城乡差距，促进社会稳定。

（二）农村电商的积极作用

1. 将农村的农产品卖出去

国家发展农村电商的最终目的是帮助农民将农产品销售出去，可是各种因素制约了这一目标的实现，即便是像阿里、京东、苏宁这样的大企业在农产品上行方面做出的成果也较少。农产品上行的道路还很漫长，但是必须沿着这条主路走下去，因为这是唯一的一条路。推动农村电商的发展，能够使我们在农产品上行这条路上走得更远。

2. 使村民买到更丰富的商品

通过农村电商平台，村民们可以买到更丰富、更便宜、质量更好的商品，提高村民的生活质量。农村电商的目的是使农民增收、致富，一条完整的道路要有主路、辅路，同时必须有主次之分，才能顺利通行。

3. 完善农村的基础设施建设

农村电商要想持续、稳定的发展，必须有完善的基础设施作为依托。其中最关键的就是对网络的建设和对乡村道路的改造。可以预见，随着农村电商的深入发展，这些基础设施也会随之得到完善。

4. 完善农村的物流系统

农村的物流一直是农村电商的一大痛点，这"最后一公里"一直不能有效解决。件少地大，物流成本太高，企业挣不到钱，自然不愿意下乡。而农村电商发展起来了，来往商品多，物流企业就来了，从而促进物流系统的完善。

5. 提高村民的互联网意识

越来越多的村民逐渐接受农村电商，同时利用农村电商，互联网意识越来越强。只要能坚持正确的思路，就能推动农村发展。

6. 促进农村金融的发展

农村电商要想健康、稳定的发展，必须在一个稳定、健全的体系之内，各个部分能够进行有效的循环，而农村金融是不可或缺的重要一环。农村金融使农村电商稳定发展，农村电商又反作用于农村金融，促进其发展。

7. 获得性价比更好的生产资料

通过互联网的方式，能够更好地满足农民的生产资料的供给和需求，把不合理的供销差价消灭掉，让农业生产者获得更多实惠。

8. 让优秀的人才都能够留在农村

农民不用进城找各种工作机会，也能够依靠家乡的资源，通过网络进行创业，带来服务业衍生的发展机会，例如，物流、培训等机会。

9. 让农民享受网购的价格优势

网购先天的优势就是价格的优势。通过网络的方式，挤掉中间环节，降低成本。

10. 让农民体验网购的便利性

网购直接快递送货上门，免去开车到超市买产品的时间，这些便利性会使农民的生活更加方便。

11. 增强农村消费市场的选择多样性

小卖店购买很方便，但是货品具有局限性，每一个小卖店货品有限。农村的集市几天或每周一次，庙会一年半年有一次。乡镇和县城的商场比村或者供销社的货品多一些，但是路途较远。但是通过网购，可以免去时间和交通成本，购买更多的商品。

所以网购对农村传统购物是一个冲击，传统的购物价格偏高，选择的品类范围小。网购恰恰相反，价格更优，品类更多，同时可以获得更好的产品服务质量。

二、农村电商发展变革

（一）大力宣传电子商务消费理念

政府应该和各大电商企业一起，在农村大力宣传网上消费的观念，使农民们参与网上购物，并鼓励农民们信任的商业银行，比如中国银行，农业银行，中国工商银行，交通银行等在农村设立网点。同时还要在农村大力宣传支付宝、微信支付、财富通等电子支付软件，让农民了解这些电子支付软件的安全可靠。互联网的安全性也影响着电子支付的安全性，为了保证电子支付能在安全可靠的环境中进行，加强我国农村网络的安全防御措施也至关重要。

（二）加强农村网络建设

想要发展农村电子商务就要将互联网的基础建设进行完善。目前农村居民智能手机，电子计算机等人均拥有数相比城镇居民来说偏少，网络的基础建设等也低于城镇居民。因此相关政府部门要鼓励电子企业开拓发展农村市场，创立优惠政策，鼓励电子产品如电子计算机、平板电脑、智能手机等网络终端设备下乡，并在农民购买这些网络终端设备的时候给予一定的补贴和折扣。互联网企业应加大互联网的宣传力度和互联网的建设覆盖，加强电话网、广播网、电视网等的建设，调低网络费用，让当地居民可以更加优惠的使用互联网，更好的上网。我国三大运营商电信、联通、移动应该实现 5G 在农村地区的覆盖，同时还要降低流量费用，推出适合农民使用的优惠套餐，为使农民们都使用手机上网，手机互联网在农村中普及创造条件。

（三）完善农村物流体系

政府应当尽快制定出能够促进农村物流发展的规划，同时宣传农村建设现代物流的重要性，以促进农村物流体系的发展与完善。高等院校应开设现代物流等专业，开展现代物流的教育，提升农民对物流建设对发展农村经济的重要性的认知。加大偏远农村地区的道路交通建设，只有道路做好了经济才能得到发展。加强农村城镇的交通道路联系，逐步实现当天能够从市区到市县的往返。加强对农村公路网的建设，确保每天的农产品能够快速运输到城镇，村里所需的消费品能畅通无阻地运进来，也使农民收发快递更加的便捷高效。

（四）建立专业的电商网站

鼓励有实力的企业整合自身企业资源，建立门户网站。企业在经营的时候要对产品信息进行更新，价格也需要不定时的调整，还要利用平台来拓展商机和销售渠道，促进和客户、供应商之间的信息交流。提升企业网站自身在市场变化中的应变能力，使网站的运营成本减少，提升客户的满意度，企业的盈利能力得到提高。农村电子商务的发展离不开农业企业的参与，因此应当鼓励涉农的企业更多的使用不同的电子商务平台，包括一些综合性的电商平台，还有农业电商平台和区域性的电商平台，如农卖网、农人网、亿农网、淘农网等。

（五）培养电商人才

加强并重视对农村电商人才的培育，要培养出既会操作电商平台又会对电商平台进行经营的农民。一是组织有一定基础并热爱电商的村民进行培训，帮助他们先搞电商，通过电商改善生活。二是通过特殊优惠政策鼓励和吸引有实践经验的电商从业者回乡创业，通过他们带动贫困地区农民搞电商。三是鼓励即将毕业的大学生返乡创业，邀请外出务工青年返乡创业，将他们发展为贫困地区电商带头人，带动贫困地区电商的发展。四是政府部门组织不同层次的农民外出培训学习，或邀请专家入村培训。

农村电子商务的发展，需要政府、企业和农户个人一起不断努力。作为政府机构，可以整合资源、统筹规划，完善法律法规，大力引进人才；作为企业，可以直接参与农村电子商务，提供外包服务，大力宣传，让更多的农民了解农村电子商务；作为农民，需要不断提高自己的信息技术水平和营销能力，将农村电子商务这一虚拟经济融入农村经济、农业生产这一实体经济。本着因时制宜、因地制宜，多样化、分层次的原则不断推进农业电子商务的和谐快速发展。

第三节　农村电商生态圈的培育

一、工业品下行得到发展

工业品下行与农产品上行将同时发力，持续快速增长。农村地区相当一部分消费是在城镇地区完成的，农村电商作为农村的新商业基础设施有望弥补这一缺口。

目前，农产品网销得到了诸多政策的大力支持，在未来一段时间内仍将保持快速增长。在中央及地方的诸多政策中，都特别重视互联网在农产品生产中的作用。应逐步完善农产品的产品标准、包装标准、配送标准和质量标准，重点打造农产品从田头到快递的"最初一公里"服务体系，加强交易规则、诚信体系、安全追溯体系、索赔机制和纠纷解决机制等方面的建设，使适宜网销的农产品品种不断增加。

过去每一次的技术变革，从来都是自上而下，与农村总是关系不大。但这次是个例外，移动互联网在农村的普及之快超乎想象。

真正负责任态度的农村电商模式，应该追求的是为地方打造一套绿色生态、可持续发展、基于"互联网＋"思维下的新综合解决方案体系。为此，要考虑以下五个问题：

第一，是不是低门槛的？过去的"PC互联网"难以在农村有所建树，实际上还是门槛过高导致。中国许多农村还存在村民居住分散，小农村经济主导的问题。因此门槛越低的模式，越可能在农村成功，好模式必须从现状出发，而不是试图去改变现状。

第二，是不是可持续的？是否可持续是考量一个模式最核心的目标。而衡量是否可持续的标准是假如离开了外部平台支持，是否还能独立生存，如果离不开那么就是不可持续。

第三，是不是重视本地化的？农村电商本质上还是本地化电商，服务本地化的解决方案。以及对当地政府的税收、就业、综合管理是否提供贡献。

第四，是不是为农民增收的？农村电商核心服务的目标群体是农民，农民的核心生产资料是农产品。不能为农民带来增收的农村电商模式，本质上脱离了农村电商这个主旨。

第五，是不是全民普惠的？过去的做法是为少数人谋利，而一个好的模式应该是为大多数人谋利，是为大多数服务的。

新模式的诞生，将颠覆固有印象与思维。从过去经营实物到经营人，从经营产品到经营社群，从经营线上到经营本地化O2O生态圈，都发生了巨大的变化，主要体现在四个方面。

第一，一切变得简单。在移动时代，过去基于PC时代的技术门槛已逐步拆除，社交、电商可以变得人人可参与。

第二，让去中心化成为现实。只有移动互联网、社群电商的兴起，才能让去中心化从理想成为现实，也只有做到去中心化，才可以开始脱离传统意义上的中心化平台依赖，也才能实现真正属于本地，属于自己的可持续模式。

第三，社群电商能量迸发。传统观念中的渠道属性又在被重新定义。在移动社群逻辑下，渠道既不是具体的线下市场，也不是传统的".com"平台，更不只是"线上＋线下"的所谓O2O模式。新渠道属性组成的核心将是"人，人，人"的有机连接，由一个个人和一台台移动终端组织连接起来的新形态。

第四，让"人"成为电商主体。从过去电商中的基于"物"的主体，到今天转到"人"的主体，这是最重要的思想变革。要破解农产品营销中标准化难、信任建立难、技能学习难、供应链管理难的问题，应把"人"的关系放进去，这样许多问题就迎刃而解。

由此可见，基于"人"的交易场景正在形成，并且可以预见，这些变化正在酝酿一场的新的电商变革风暴，与所有人相关。

如何让这些普通的人、普通的资源干出不普通的事来，这是最重要的。所以应扎实推动上线，引导最大数量的连接，形成本地化的社群生态圈。

一个蚂蚁的力量微不足道，但大量的蚂蚁集群可以产生强大的力量。比如某些乡村为解决农产品销售问题，独创"一乡一品一故事，一村一铺一品牌"的项目，帮助农民、农场主、农产品种植企业销售农产品。通过农村电子商务服务站，整合农产品资源、挖掘三农大数据、重塑农产品加工业供应链，助推供给侧结构性改革。

二、农产品上行是农村电商的关键

农村电商要成功，农产品上行是关键。农产品上行做起来不容易，尤其是针对县域产品，因品牌化、标准化和网络化不足，更是难上加难。虽然全国各地的县域电商做得风生水起，但目前基本上还只是消费品下行。

农产品上行要顺畅起来，先要反思三大"观念误区"。一是提"上行"就以为是"开网店"；二是提"上行"就要"卖到全中国"；三是提"上行"就是卖"土特产"。这两年大的平台商们都在转型，原有代运营业务都很困难，很多县域产品都是"小生产"，规模并不大，总量上只是一个区域产品，本地市场都是供不应求，卖到全国又出现了货源不足、价格竞争力不强的状况，稍上规模，走出去了，又面临着产品质量认证等问题。农产品不能光在"卖货"，要变卖产品为卖服务，变卖单品为卖套餐。这就需要从品牌、溯源、品控、包装与视角呈现全方位提升。

首先，应加大农业文创的力度，培育出一批好网货，而不是停留在仅仅打造一个区域品牌。当下农村的农产品一直有比较固定的收购体系和产量，本身利润就不高，没有办法做电商"赔本赚吃喝"的促销活动，一些粮食类的产品还要做相关的储备工作，并不符合电商销量为王的销售方式。所以，农村电商进入新阶段，应围绕农村电子商务发展的关键问题和环节，紧密结合当地的产业特色和地域优势，集中力量解决物流、人才、金融服务等问题。

其次，应把现有的城乡体系，如物流等结合起来，利用农村合作社、电商龙头企业和电子商务产业园，结合各地当地干部、农户和企业负责人的力量，为农产品上行打开新渠道。应充分发挥现有市场资源和第三方平台作用，培育多元农村电商市场主体，鼓励电商、物流、商贸、金融、供销、邮政、快递等各类社会资源加强合作，推动"名特优新""三品一标""一村一品"的建设，打造农村电商平台，实现优势资源的对接与整合，参与农村电子商务发展。

村庄电商的成功的基地要素即能否顺畅打通工业品下乡、农商品进城的双向流通途径，构成物流、信息流、资金流的有机循环。如今许多村庄电商途径都仅仅在工业品下乡的路上走得比较远，而在农商品进城的工作上缺少突破。因此，村庄电商耕耘成功的要害即打通农商品进城的流通途径，只有将村庄本钱变现，才能激活村庄商场的花费潜力，村庄电商的路子才能走得久远。

第三，要富民强县，更首要的是要将本地丰厚的农特商品卖出去，卖个好价格，所以许多县市都与一些村庄电商途径签署了协作协议，期望经过这些国内领先的村庄电商途径将县域内的优势本钱卖出去。因而，村庄电商的着力点之一是农商品上行，它是村庄电商作业的重中之重。

解决"上行"问题需要生态体系建设，不是一朝一夕能够完成的，不是开几家网店就能解决的。农产品是非标品，要成为好商品，成为好网货，还需要一系列的生态体系建设，品质控制、溯源技术应用、品牌打造、包装设计提升等方面，都不是一天两天能够完成的。很多地方政府只想着县里有丰富的资源，却没有考虑到这些资源转化为市场价值还是需要很多基础设施的。

打铁得要自身硬，基本条件不具备，就算有再大的能力，也是很难通过互联网进行大规模销售的。有些服务商为了承揽业务，在没有系统调研的前提下，盲目承诺县域政府做农产品上行，其结果可想而知。

当前，电商环境正处于剧变过程中，移动互联网逐渐崛起，社群经济不断刷新互联网，客流量竞争空前激烈。网店成长需要时间，运营水平需要逐步提高，而农产品都具有很强的季节性、区域性。从国内农村电商发展得比较好的地方来看，都是有着群体性优势，即在当地政府、龙头企业的引领下，更多人、更多机构参与销售，才能卖出规模、卖出影响力。服务商能够起的作用，是引领与示范，绝不是"包销"，更不可能全面解决上行的问题。可持续"上行"需要从卖产品走向卖服务、卖生活。因此要鼓励更多的网商，走向卖服务、卖生活，要从产品层面进行提升，走向卖食疗配方，卖情怀卖故事、卖功能组合等，提升竞争力。引导"上行"不仅要输送经验，更要研究农村电商平台如何做电商培训，现在的培训内容基本上是 PC 端时代的经验输送，而不是基于技术与商业模式的迭代趋势，因此要顺应趋势进行培训，促进电商发展。

电子商务并非要卖货到全中国，域内、域外、省内、全国市场，要做整体统筹。同时，社群经济的崛起是农产品上行的一个重要渠道。在供给侧改革的大背景下，县域农产品要狠抓品质，力推品牌，这也是"上行"最大的短板。农产品上行第一件要解决的问题就是规模化和品牌化问题，只有有效整合资源，将现有资源重置，走品牌化路线，才能获得可持续发展，并保持有效增长，品牌化塑造是很多农产品的短板，如何借用资源对农产品品牌进行有效塑造，需要一个过程。

综上，农村电商要成功，农产品上行是关键，一个农村电商成功案例，农产品进城模式必须打通，只有这样农村电商才是有本之木、有源之水，农村电商的发展才能走得更为长远。

三、打造农村电商生态圈

第一，农产品上行与工业品下行需要同时发力。从农产品网络营销看，要通过电子商务倒逼农产品生产的商品化、标准化与互联网化；要特别重视互联网在农产品生产中的作用，使农产品的产品标准、包装标准、配送标准、质量标准进一步完善，为农产品网络销售打下良好的基础。在政策层面，要重点打造农产品从田头到快递的"最前一公里"服务体系，重点支持交易规则、诚信体系、安全追溯体系、索赔机制、纠纷解决机制等方面的建设。

第二，加快推动农村各类服务互联网化。从农村消费市场看，农村地区的服务消费还远远低于城市地区。这一方面与农村居民的收入水平较低、服务需求不旺有关，另一方面是因为农村地区的各类服务供给不足，农民的各种服务需求难以满足。因此，推动农村电商快速发展的一个重要方面，就是要推动农村各类服务互联网化。

第三，积极稳妥推动农资电商健康发展。农资电商的意义不仅仅在于利用电商优势，通过减少农资采购、种植服务、农产品加工和销售的中间环节，降低农业生产和农产品销售成本；更在于中间环节减少产生的附加利润可反哺农民，覆盖农民种地成本。农资电商还可以与农业科技等融合为一体，实现全方位服务。

第四，利用电子商务挖掘贫困地区的各类资源价值。在战略上，电商的关键是将贫困地区的各类资源（如生态资源、物产资源、产业资源、人力资源等）与电商紧密联系起来，借助电商的力量，将这些资源的潜在价值发挥出来。

互联网思维逐渐渗透各行各业，改造甚至颠覆了一个又一个的传统行业，但是在最传统的农业领域却除了几个产地直采的生鲜电商之外，互联网在农业领域几无建树，即便是硕果仅存的生鲜电商也规模不大，更倾向于互联网企业对农业市场的尝试，通过这些尝试暴露了更多农业与其他行业的不同。

农业与其他行业的不同，本质上是农村与城市的不同、农村资源与城市社区资源的不同。社区资源主要由消费者构成，商家很少，而作为农村资源的主体，农民同时充当着商家、生产者与消费者的角色，他们既可以把产品卖给消费者，也可以提供给其他商家，甚至从其他商家手中购买自己所需，使供应链系统变得更加复杂。

因为涉及农村的产业升级以及城镇化改革包含农民增收、农业发展及农村稳定等问题，所以农村电商并不仅仅是互联网跨界的一个行业那么简单，也不仅仅是互联网销售平台，至少还需要有 O2O 本地服务功能。

农民增收、农业发展、农村稳定这三个问题，其实是从农民的身份、行业、居住环境三个方面出发的一体化问题，解决方案也必须包含这三个方面。

传统的农村作业以家庭为单位从事农业生产，这种模式生产力低下、生产效率有限。通过资源整合，将分散的农田整合成规模化的种植基地，将每家每户的畜牧业资源整合成大型的养殖基地，就能够大大提高这些资源的产出效率和价值。

农村社区化也是推行农村城镇化路线的一次尝试。随着越来越多的农村人口涌入城市，长居于农村的劳动力资源越来越少，已经不能够支持传统的生产方式，所以逐渐有农民卖掉自己的农田和牲畜，或者将农田承包给其他人，自己进城市务工或者搬去城市与子女同住。这样一来，农村土地资源逐渐集中起来，形成一些中小型的农场和养殖场，土地产值得到大幅度提高。

电商的发展离不开四通八达的物流系统的支持，而农村并不具备这样的条件，所以物流成为农村电商发展的最大阻碍，电商巨头们也只能望农村兴叹。针对物流问题，村村乐想出了完全不同的思路，它将交易范围缩小到邻里乡亲，所有交易尽量就近完成，不同村落之间的交易则以村为单位进行，比如将本村的所有供应信息集中于一处，让外部的购买者一目了然，并整合当地的农家店资源，让村里的小卖部身兼数职，不仅可以卖自己店内产品，还可以作为村村乐的O2O线下平台，销售网站上的产品和服务。

这种商业模式绕过了物流环节，交易双方可以直接现场交易，或者协商其他方法，而村村乐在这个过程中充当了信息中介的角色，只负责将乡里乡亲的供应需求和购买需求连接在一起。

农业包括农林牧副渔多种产业，电子商务尽管积极布局农业电商，但是至今的成果只有生鲜电商、农产品电商和农资电商，还有广阔的领域尚未开发，而且不同的商业模式都需要建立自己的产业链，生成自己的产业族群，所以农业电商市场潜力巨大，牵涉环节众多，范围极广。

农村电商生态极为复杂，因为农民既是生产者也是消费者，不仅有购物需求，还有销售需求。在需求产业链上，农村居于产业链的下端，在供应链产业链上，农村又居于产业链的上游，也就是说，农村电商模式应该是一种双向的商业供需模式。

农村商业拥有足够大的市场发展潜力，吸引着各大电商追逐而来，而他们在布局农村电商时又遇到供应链太长的问题，难以下沉到农村市场，但如果与本地化平台进行对接，就可以大幅度加快农村电商布局。将来，无论是电商巨头加速渠道下沉，还是本地化电商平台继续扩张，都会为农村居民带来更好的商业环境和服务，让农民生活更加便利，这样的平台多多益善。

第三章

数字经济时代农村电商发展新业态

第一节 农村电商与直播电商融合

一、农产品直播带货的特殊功能及其对乡村振兴的重要意义

（一）农产品直播带货的补偿性功能

媒介的发展催生互动方式的变革，不同媒介之间存在着补偿关系，而媒介的发展也越来越人性化。商品售卖经过电视广告售卖、互联网售卖，到近年来火爆的新媒体直播平台售卖，虽然呈现方式大多是"声音＋画面"的基本形式，但新媒介必然存在着对传统媒介的补偿。不仅是媒介之间的补足关系，新的媒介中也存在着其他的补偿性作用。在新媒体时代，网络传播突破了大众传播模式的单向传播，促进了社会交往行为的多元化。

1. 外部功能补偿

在媒介进化的过程中，总会不断进化出新的媒介来弥补旧媒介的不足。当下的网络直播打破了时空关系，是对身体的媒介化补偿。当下农产品直播带货成为热潮，其对传统消费模式也存在补偿性作用。

（1）空间：对购物固定场所的补偿

移动性是农产品直播带货对其他购物方式固定场所限制的补偿。最早的时候，人们购买农产品只能在线下进行活动，需要去超市或者市场实地购物。随着时代发展，电视购物兴起，人们在电视上可以通过电话订购等方式购买商品，但是地点也被限制，毕竟电视不能随身携带。

现如今，智能手机的普及、互联网技术的发展，也带来了购物方式的深刻变革。直播的兴起使得消费者购买农产品更加便捷，通过手机，受众可以在任何地方观看不同媒介平台上的直播带货，可能是上下班的路上，也可以是在旅行的途中。总之，直播带货没有对固定场所的限制，充分保障了人们的移动自由，手机就是连通卖方与买方的桥梁。

农产品直播对空间的补偿还体现在对农产品种类地域限制的补偿。当人们去线下购买农产品的时候，新鲜的蔬菜和水果大多时候只能买到本地的品种，而其他地方的特产一般都会标出更昂贵的价格。但农产品直播则打破了这一藩篱，通过直播间，消费者可以直接线上购买各种产地直发的特色农产品，并且取消了各种中间商，价格往往也十分合理。身在东北可以随时购买热带产的水果，"东北大米"也可以随时发往全国各地，五湖四海不再是距离和阻碍。

（2）时间：对购物时间有限的补偿

当人们线下购物的时候，必须注意超市、市场什么时候开门，又是什么时候关门，购物时间必须遵循既定规则。电视购物即使提供了一定的便利，但是大众也只能在固定时间接收信息，对于电视播出的时间也是无法自己选择的。

另外，在生活节奏越来越快的新时代，人们的生活方式也相对做出了改变。当代人，尤其是在城市生活的人们，很多时候很难拥有完整的时间，取而代之的是碎片化的时间。生活节奏的加快使得人们很难有专门的时间去逛街购物，而直播带货的出现则正好迎合了当代人碎片化时间的购物需求。

为了尽可能地在有限的时间内获取想要的信息，购买想要的东西，微博、抖音、淘宝这些直播平台成为当代人必备的购物渠道。任何时间，只要通过手机打开直播间，就可以观看直播带货。网民可以通过直播预告知道将要售卖的商品，并且受众可以通过直播回放随时观看错过的内容，在碎片化的时间里最大限度获取自己想要的信息。

（3）时效：对产品新鲜程度欠缺的补偿

农产品区别于其他种类的商品，主要在于农产品对于新鲜度和保质期的要求是非常高的。人们去菜市场会挑选新鲜的瓜果蔬菜，超市无人问津的农产品商品也会因为腐烂变质被直接处理掉，造成资源浪费。而直播带货的模式，则使得农产品销售优势增多。

直播带货催生了传统农业的转型升级，创新了农产品的流通、贮存方式。农产品在直播带货的时候，只需要一个用来展示介绍的农产品样品，视频直播在展示产品的同时，消费者就可以通过点击下方的购物链接一键购买，后台记录下交易信息后，农产品就可以通过物流直接配送到消费者手中。而发给消费者的农产品，基本上都是根据订单量现采现摘，然后统一打包发货，即买即发，不会造成囤积，最大限度保证新鲜度。人们可以通过直播购买到第一波成熟的丹东大草莓，也可以在西瓜到季时品尝第一口美味。这种电商销售的新模式，在小农户与上亿互联网用户之间架起了直接沟通的桥梁，农户们足不出户就可以通过互联网销售自家的农产品。另外，直播带货有效缓解了因市场供需信息不对称造成的特色农产品供应不足和资源浪费问题。

（4）容量：对商品库存不足的补偿

农产品直播带货不仅解决了农产品积压的问题，"直销"的模式也使得销售商对库存有了清晰的把握。因为农产品不易保存，任何线下售卖各种农产品的超市或者市场，在对供需不能精准把握的情况下，对于农产品的囤积都是有限的，不可能大量地囤货。所以，为了抢购新鲜农产品，很多人不得不一大早就去菜市场或超市排队买菜购物。

但在农产品直播间里，向观众展示只需要一个样品，当消费者下单订购之后，农家可以根据订单量从产地直接发出农产品，既保证了质量，也不用担心库存。可以说，只要农产品产地还在，那么农产品的存货容量就是充足的。

2. 内部发展补偿

虽然电视购物与互联网线上的购物方式逐渐完善，拥有了一套完整的反馈与互动流程，但是由于互动缺乏即时性与传播单向性的限制，消费者只能通过电话咨询、留言评论等形式进行互动。对于商品的了解也完全停留在图片层面，购买过程很少能体验到参与感，所以直播带货凭借其独特的优点，迅速满足了消费者的这些需求。

（1）弹幕：对与其他受众交流限制的补偿

在新媒体平台上兴起的直播带货表现形式具有非常明显的即时互动特点，促使互动由单向传播向多向传播转变，既满足了传播过程中大众之间沟通交流的诉求，又实现了人与媒介、其他受众以及传播者之间的多元互动。

在直播间观看带货的时候，观众可以实时发送弹幕与主播展开互动，询问与商品相关的问题，当主播看到后就可以及时做出回应与解释。更重要的是，直播间就相当于一个巨大的聊天室，受众可以通过弹幕互相交流，对于商品的任何意见，都可以与其他人一起讨论，倾听其他人的观点，使购物有了更全面的参考。任何人都可以通过直播间与主播或其他观众聊天互动，发起或回应话题，从而彰显了存在感，即时性也极大地提升了在场感。广大网友因为媒介而不再孤立，随时可以产生思想碰撞和意见交流。

（2）画面：对商品展示不足的补偿

在网购时代，依然有许多消费者选择线下购物，最大的原因就是能全方位地观察商品，对商品细节、质量有一个更清晰的了解，这种购物方式有着更高的安全保障。如今，在直播间里，主播们可以通过镜头全方位地展示商品，观众有任何要求和疑问时都可以及时回复。商品展示得越仔细、越真实，观众的认可度就越高。

（3）打赏：对心理认同的补偿

打赏是直播中最常见的一种方式，表达了对主播的喜爱与支持。购买商品是消费者与商品的交互，表达的是对商品的认同，打赏是观众与主播之间的交互，表达的是对主播的认可。直播最早出现的时候，打赏功能主要作为网络主播获取收益的一种方式。现如今，在直播带货中打赏功能更多的是反映受众的动态，观众在观看直播购买商品时，对主播的打赏就是对传播者的肯定和反馈。

相对于直播间弹幕留言，打赏属于一种单纯的主播与观众之间的信任互动，是对传播内容的肯定与支持，并不影响观众与主播之间的交流，观看直播时的打赏都是相互信任的体现。在社交媒介不断完善的新媒体时代，观众可以通过多种方式表达对传播内容和形式的肯定，观众打赏主播，可以激发直播间其他观众的情感反馈。

（4）转发：对分享共同情感的补偿

直播间的互动与传播，因为其形式和内容感染着受众，使其产生转发行为，相对于打赏和弹幕互动，直播间的情感分享互动效果更为强烈。在新媒体时代，互联网的开放性和平等性给大众提供了自由选择的空间和权利，大众可以根据自己的喜好浏览任意内容，并选择转发分享。当观众进入直播间进行观看的时候，如果直播内容能引起观众兴趣，他们就会继续观看，或者是将直播间分享给他人。

直播间的直播带货也为网友相互分享提供了便利，能像网购一样直接将直播间信息通过媒介平台分享给任何朋友，扩大了分享的范围。同时能够释放大众情感，维系用户之间的情感交互。直播间内容在受到网友关注并且得到转发后会吸引新的观众进入，新的观众进入之后可能会继续分享给其他人，从而形成了互相分享的场景，为直播间带来了流量，一定程度上扩大了直播的传播效果。

（二）农产品直播带货对乡村振兴的重要意义

1. 有助于促进农业品牌提档升级

利用直播带货形式促进农产品销售已经成为当前销售的新潮流。在农产品直播销售中，获取经济效益是营销的最终目的。但当前农产品销售市场竞争加剧，同一种类的农产品选择众多，品牌是彼此区分的唯一标志。好的品牌能够带来顾客忠诚度，提升受众黏性，引导消费者重复购买，并主动向亲朋好友推介。因此，农产品直播良性发展，可以促使销售者进行品牌培训，努力打造知名品牌，提高商品竞争力。农产品有自己的生命周期，消费者喜好也会随着农业经济发展水平的提高以及市场供应情况等发生变化，农产品直播市场的发展动向也显示出受众需求的改变。因此，农产品直播发展需要不断研究消费者喜好，持续开发出符合市场需求的新产品，农产品直播的规范发展有助于农业品种培优、品质提升以及品牌打造。

2. 有助于推进农村产业融合发展

农产品直播规范发展并不是简单的种植与售卖两端一线，在销售的整个过程中，需要有完整的体系流程。从农产品加工到农产品的贮存，将促进农村不断完善基础设施建设，如大型农产品加工基地、完善的仓储设施，还将推动冷链贮藏设施建设向农村延伸。物流也是农产品直播销售中的重要环节，农产品带货销售的数量增长对农村物流提出了新的要求。例如，促进快递网点合理布局，推进快递寄送的综合服务点建设，完善村与市、村与村之间的物流链，推进电子商务进乡村。在农产品直播中，许多"村播"采用现实场景作为直播背景，画面中往往会出现田间地头的真实景色，包括自然美丽的乡村风光，这些将吸引直播间的观众前来旅游，从而促进乡村休闲旅游业的发展。所以，农产品直播的发展有助于乡村培育地方特色产业集群，促进家庭作坊、乡村工场的出现，推动小微型企业向大众性产业进化，持续推进农村一、二、三产业融合发展。

3. 有助于促进农民稳定就业创业

提高农村农民生活水平一直是国家乡村振兴工作的重要内容，农产品直播的快速发展为乡村民生保障提供了重要途径。首先，网络直播带货通过直播间直接销售农产品，省去了中间流通环节的成本，对消费者来说可以享受到相对较低的价格优惠，刺激了购买欲，增加了农民收入；其次，在给消费者带来福利的同时，产品供需信息更加平衡，销售渠道被打通，降低了农产品的损耗，维护了农民利益，为民生保障做出了重要贡献；最后，农产品直播的发展促使农村相关产业不断完善，农民能够就地就近就业创业，使贫困人口不断增收。如农产品加工生产厂与仓储厂的建设、物流的完善，就能有效吸纳农村的富余劳动力，使各类农民稳岗就业落到实处。通过农产品直播带动的旅游业发展，能够吸纳农民直接经营或参与经营乡村民宿、农家乐等特色项目，既培育了生活性服务产业，又有利于农民就业的多元化选择。随着各项扶持政策的落地，也吸引了外出打工的农民返乡参与农村产业建设。

4. 有助于推动乡村文化有序传播

农产品直播带货是一种文化传播途径。在当前新媒体背景下，文化信息的传播不只限于语言或者文字等传统形式，而是呈现出以新技术为实现手段、多种形式相互融合的多元化传播方式。在农产品直播中，一些具有当地特色的农产品，承载着丰富的地域文化内涵，而主播的讲述，使得受众对产品更加了解。从这个方面来说，农产品直播带货既是一种销售渠道，也是一种文化传播途径。农产品直播带货的兴起，促使传播领域逐渐形成了主体多样、交融复杂的媒体传播生态系统。直播带货作为文化传播的一种途径，在通过网络将农产品销往各地的同时，产地的产品文化也随之同行，乡村文化与民俗文化也随之发扬光大，而农产品附带的文化要素也让产品实现了增值，两者相辅相成、相得益彰。通过乡村场景的直播画面，观众能够了解乡村文化，更能直观感受到乡村建设的重大成果。

二、农产品直播带货良性发展对策

（一）保证产品品质，加强行业监管

农产品直播带货最大的特点就是实现了产地直销。将产地的农产品安全送到消费者手中是其初心，农产品直播带货能否成功最终还是靠过硬的产品。因此，需要制定严格的国家和行业标准，把好产品质量关，提升直播带货的信誉，这样才能拥有稳定的消费者，维持持久效益。

产品质量是直播销售持续发展的关键，农产品的生产和经营标准化是质量的重要保证。因此，须采取先进的种养技术，开展生产标准化管理，如做好农产品分级筛选、产品包装等，保证产品品质的统一，防止出现直播间展示与实际到货商品新鲜度、口感不统一的现象，从而实现产品的品质等级化、重量标准化、包装规格化。保证质量才能获得消费

者的青睐，有利于自身长久发展。

同时，对农产品直播带货要加强监管。由于直播带货发展势头强劲，在短时间内迅速崛起，导致各个直播间良莠不齐，暴露出了很多问题，比如涉嫌假货、质量低劣、虚假宣传、不退不换等等。为此，中国广告协会出台《网络直播营销行为规范》，有效抑制了这种市场乱象，但对于整个行业的维护来说还远远不够。制定出台更加完善、更加全面的直播电商行业标准，让农产品直播有章可循、有据可依，才能持续健康发展。

（二）培育专业农产品直播人才，打造特色 IP

要加大对农村电商人才的培养力度。尽管互联网技术的进一步发展与手机等移动终端的普及使得人人都可以加入主播行列，但是大部分农民主播文化水平低下，缺乏销售经验和技巧。因此，对农民进行电子商务基本知识、技术技巧以及产品包装和物流等方面的培训，使其熟练掌握直播相关技术操作和直播带货销售技巧就显得尤为重要。另外，意识决定行为，中国的农民习惯了传统的买卖方式，产品的附加值难以体现。这就需要新时代的中国农民提升电商意识，学习电商知识和运营技巧，从而真正享受到直播带货红利。

此外，要培养本土直播达人，全力打造 IP 主播。头部主播带货效果好，但仅仅依靠他们，流量始终掌握在别人手里，作为农产品产地的农户和企业自身则缺乏主动权。农民主播力求团队化，要充分利用互联网，打造 IP 主播。头部主播为何受欢迎，往往是由于他们的个人特色鲜明，具有人设标签，个人 IP 无非就是将个人价值标签化，放大个人特色，打造个人品牌。IP 主播更容易拥有自身的粉丝团体，提高粉丝黏性，与用户之间产生更深的情感链接，为产品销售提供便捷，带来增值，也就是人们说的"带货能力"。IP 主播可以将粉丝支持转化为消费动力，建立"粉丝经济"。所以，培养 IP 主播，要结合当地实际，创造出自身风格和有趣人设，依靠与众不同的魅力来吸引用户，提高农产品直播带货运营能力。

（三）建立健全完善的农产品直播营销体系，做好全流程服务

农产品直播销售并不是简单的买卖行为，而是包含生产、仓储、物流、配送、售后等一系列活动的完整营销体系。

农产品中生鲜产品多、保质期短，为了避免产品出现良莠不齐、变质损坏的情况，必须建立农产品仓储保险冷链体系。农产品最大的特点就是鲜食性、不耐储藏，一般农户对于如何保存农产品缺乏经验，一旦不能及时销售，农产品很容易变质损坏。针对经济水平滞后、交通运输及物质条件较差的农村和边远山区，应加强冷藏、仓储、物流等资源的有效配置，让农产品直播带货既要把农产品卖出去，又要高质量的卖出去，原汁原味送到消费者手中。

建立完整的物流运输链，实行标准化运输。当农产品生产端就绪以后，就要考虑如何将产品安全地送到消费者手中，从打包、分批、出仓、运输，一直到"最后一公里"顺利到达，都要保证农产品的安全。所以要加快乡村电商普及，农产品直播需要与专业的物流公司合作，为农产品直播夯实传播基础。

规范售后服务。任何销售行业的售后服务都是生产营销链的重要环节，农产品更是如此，产品不新鲜、品相损坏、质量偏差等现象时有发生。这就需要作为生产端的农户个体和地方企业，主动配合电商平台，制定合理高效的售后服务方案，及时解决消费者反馈的问题，维护消费者利益，以保证用户的重复购买率，通过市场的反馈，及时发现问题，不断完善升级，才能保证农产品直播健康发展。

农产品直播营销是一个系统工程，经过几年的发展至今已经成为大众主流购买方式，因此要打通市场供需信息通道和整个农产品直播产业链，催生电商新经济。

（四）创新直播模式，贴合受众需求

打造特色化的直播内容与风格，展示自身特点。现如今，农产品直播的内容过度雷同，容易造成观众注意力分散、关注度下降，甚至对直播消费产生抵触情绪。因此，无论是农户还是地方企业，在进行直播时都要注意，内容可以借鉴，但不能盲从。只有形式多样、富有特色的直

播内容才会获得受众的喜爱，打造差异化，才能从众多的农产品直播竞争中脱颖而出。同时，农产品直播带货也要打造特色品牌，形成他人无法复制的模式。产品的好坏可以通过镜头画面展示，但是产品蕴含的更多价值，也需要主播讲述。打造特色品牌，可以讲述产品所承载的历史人文典故，赋予产品深厚的文化内涵；讲述农产品背后的故事，赞扬匠人精神，并尽可能多地制造出传播金句与传播素材。

建设专业化、特色化、多样化的直播场景。直播带货行业的快速发展，注定了其多元化的发展趋势。如何在众多的直播间中脱颖而出，吸引更多的观众，除了依靠产品以外，也要注重直播场景的建设，可以拓宽直播场景范围，涉及多样的直播背景，可以选择田间地头，也可以选在加工车间，或许是当地标志性景色。多种多样、富有特色的直播场景可以带给观众更丰富的体验，将农产品直播中的"物"与"景"有机结合起来，提高直播向消费的转化。

（五）全渠道推广，做好宣发工作

农产品直播依靠着政策的福利，步入了发展的快车道。但想要可持续的发展完善，则需要从自身内在体系出发。仅仅拥有高品质的产品是不够的，农产品直播也要选择合适的渠道。不论淘宝、京东，还是天猫、拼多多，各有优势，都拥有自己相对稳定的用户。由于直播带货的火爆，社交平台也相继推出了直播业务，如微信、微博等。这些平台的用户使用量大，用户年龄层跨度大，传播范围广，有利于直播的传播。因此农产品直播应该进行全渠道的推广，扩大传播范围，提升传播效果。

同时，在直播前可以进行直播预告，做好相关的宣发工作，能有效吸引受众参与，避免受众在不知情的情况下错过直播造成用户流失，达到直播效果最大化。

（六）利用政策福利，深化情感认同

农产品直播的快速发展离不开政策的支持，设施建设为乡村建设提供了坚实的发展基础。当前国家全力推进数字化农村建设，政府大力扶持基层，致力于加快 5G、大数据等技术的发展。地方政府和相关企业要积极响应国家号召，出台惠民政策，提供资金支持和技术援助。使得农产品直播努力搭上国家政策支持的直通快车，完善整个营销体系。

在社会学研究中，情感认同一直是社区建设的一个重要维度。情感是把人们联系在一起的黏合剂，在整合社会分歧、凝聚社会力量、增进社会和谐中发挥着重要作用。集体情感往往是通过共有的行为方式表达出来的，可以被理解为一种施加于个体行为之上的道德约束，也可以被认为是一种群体心智，其中就有情感认同积极作用的意涵。

国家发展离不开每一位群众的努力，人人都对支持乡村发展建设有着高度的情感认同，不仅是政策环境，当下的群众情感也有利于农产品直播的传播发展。在乡村振兴战略的鼓舞下，受众情感或多或少有所波动。要利用农产品直播间，让观众能看到乡村经济发展、文化繁荣，加大宣传力度，凝聚乡村情感认同，推进乡村治理和提升治理能力，从而深化整个国家情感认同，推动情感转化成为购买力，有助于维护农产品直播持久发展，为其注入源源不断的内生动力。

第二节 农村电商与跨境电商融合

一、跨境电商概述

（一）跨境电子商务的概念

跨境电子商务，有时也称"跨境电商"，是指分属不同关境的交易主体（个人或企业），通过电子商务平台达成交易、进行支付结算，并通过跨境物流送达商品、完成交易的一种国际商业活动。①

通常所说的跨境电子商务指的是跨境网络零售，这是狭义上的跨境

---

① 元世娇，吴毅强，吕宇栋. 跨境电子商务研究［M］. 吉林：吉林出版集团，2022.

电子商务。广义上的跨境电子商务除了网络零售，还包含跨境网络批发等。

跨境电子商务的业务流程一般是：生产商或制造商将生产的商品在跨境电子商务企业平台上展示，在商品被选购下单并完成支付后，跨境电子商务企业将商品交付给物流企业进行投递，经过两次（出口国和进口国）海关通关商检后，最终送达消费者或企业手中；也有的跨境电子商务企业直接与第三方综合服务平台合作，让第三方综合服务平台代办物流、通关、商检等一系列业务，从而完成跨境电子商务交易过程。

（二）跨境电子商务的特点

跨境电子商务作为一种国际贸易新业态，融合了国际贸易和电子商务两方面的特征，具有更强的复杂性，在跨境电子商务中，整体商务活动对信息流、跨境电商的资金流、物流等能否紧密结合提出了更高要求。跨境电子商务的特点表现在三个方面：一是渠道上的现代性，即以现代信息技术和网络渠道为交易途径；二是空间上的国际性，即由一个经济体成员境内向另一个经济体成员境内提供的贸易服务；三是方式上的数字化，即以无纸化为主要交易方式。

具体而言，跨境电子商务有以下特征。

1. 全球性

网络是一个没有边界的媒介体，具有非中心化的特点，全球所有地域都可以通过网络参与跨境电子商务活动。相比于传统国际贸易，电子商务是一种无边界交易，不受地理因素限制，能使信息得到最大限度的共享。

2. 无形性

通过网络进行传输的数字化产品具有无形性，随着互联网的发展，数据、声音、图像等数字化产品也可以成为交易对象，但这种交易方式也给税务机关的监管带来一定困难。

3. 即时性

在跨境电子商务的交易过程中，订单通过网络产生，商品的展示和浏览都通过网络交互实现，不存在时间差，消费者的购买信息会实时传递到商家端，可以帮助商家分析消费者行为，消费者也能随时随地选购商品。

4. 无纸化

传统的国际贸易需要书面合同、结算票据等纸质文件，而在跨境电子商务中，交易通过网络实现，订单信息、支付信息、协议等都以电子数据的形式呈现，交易过程可追踪，节约了大量纸张成本。

（三）跨境电子商务发展驱动力

1. 5G 技术

跨境电子商务是基于网络发展起来的，网络作为基础设施影响跨境电子商务的发展速度和发展质量，而 5G 技术的产生无异于给跨境电子商务插上了一双翅膀。

第五代移动通信技术（5th Generation Mobile Networks，简称 5G 或 5G 技术）是最新一代蜂窝移动通信技术，也是继 4G（LTE－A、WiMax）、3G（UMTS、LTE）和 2G（GSM）系统之后的延伸。5G 的性能目标是具有高数据速率、减少延迟、节省能源、降低成本、提高系统容量和大规模设备连接。

5G 网络的主要优势在于，数据传输速率远远高于以前的蜂窝网络，最高可达 10Gbit/s，比当前的有线互联网要快，比先前的 4GLTE－A 蜂窝网络快 100 倍。5G 网络另一个优点是较低的网络延迟（更快的响应时间），网络延迟低于 1 毫秒，而 4G 为 30～70 毫秒。由于数据传输更快，5G 网络将不仅仅为手机提供服务，还将成为家庭和办公网络提供商，与有线网络提供商竞争。

2. 移动电商

跨境电子商务交易的完成需要终端设备支持，传统的 PC 端使用受时间、地点的限制，而移动设备的普及打破了限制，为跨境电子商务的发展提供了物理保障。

移动电子商务（Mobile E－Commerce）是由电子商务（E－Commerce）的概念衍生出来的。电子商务以 PC 机为主要界面，是有线的电子商务，而移动电子商务则是通过智能手机、平板电脑等可以装在口袋里的终端进行交易，无论何时、何地都可以开始。[①] 它将互联网、移动通信技术、短距离通信技术及其他信息处理技术完美结合，使人们可以在任何时间、任何地点进行各种商贸活动，实现随时随地、线上线下进行购物与交易、在线电子支付，以及各种交易活动、商务活动、金融活动和相关的综合服务活动等。

3. 进口商品溯源平台

相对于实体商业模式，跨境电子商务交易具有虚拟性，消费者对产品的质量存在疑虑，而进口商品溯源平台可以消除消费者的这种疑虑，从而促成更多交易的实现。

进口商品溯源平台基于物联网、移动互联网等技术，以溯源码为核心，实现政府、企业、消费者三者联动，对进口商品动态进行实时监控，真正实现来源可查、去向可追、责任可究。

进口商品溯源平台分为溯源中心及各个加盟区域溯源分站两级，整体功能分为业务操作管理、监管统计分析、溯源信息管理、公众查询服务四大部分。各个区域加盟伙伴协助溯源中心对接海关、检验检疫局等监管单位，完成溯源数据对接。溯源中心提供平台搭建、接口对接、业务培训等全面的服务。

商品溯源平台为消费者提供第三方统一、权威的防伪溯源查询入口，真正做到让消费者放心、信赖，能够最大限度保障消费者合法权益，方便消费者投诉维权。

企业商品粘贴防伪溯源码，能够防止产品被假冒，防止窜货，提高产品信誉度，保护品牌形象，促进企业品牌营销。

商品溯源平台为政府提供了一种精准有效的监管方式，实现对进口商品的全过程监管，方便问题商品的召回管理、统计查询、风险预警，

---

① 许丽霞，刘续. 电子商务［M］. 银川：阳光出版社，2014.

促进进口贸易便利化。

（四）跨境电子商务的分类

1. 批发模式

（1）进口 B2B

B2B（Business to Business）是指互联网市场领域中的一种企业对企业的营销关系。进行电子商务交易的供需双方都是商家（或企业、公司），它们使用互联网技术或各种商务网络平台完成商务交易。进口 B2B 指的是我国企业作为进口方，与国外企业通过网络或者平台进行的贸易，如 1688 和好易商采用的就是进口 B2B 模式。

（2）出口 B2B

出口 B2B 指的是我国企业作为出口方，与国外企业通过网络或者平台进行的贸易，如敦煌网采用的就是出口 B2B 模式。

2. 零售模式

（1）进口零售模式

进口零售模式主要有传统海淘模式、海外代购、直发平台、自营 B2C、导购返利平台等。

（2）出口零售模式

出口零售模式主要有 B2C（如亚马逊）和 C2C（如速卖通）两种。B2C（Business to Customer）即企业对个人，是企业对消费者的电子商务模式。C2C（Consumer to Consumer/Customer to Customer）即个人对个人，是指个人对个人的交易形式。

（3）O2O 零售模式

O2O（Online to Offline）即在线离线/线上到线下，是指将线下的商务机会与互联网结合，让互联网成为线下交易的平台。

O2O 的优势在于，把线上和线下的优势完美结合。通过网络导购机制，把互联网与地面店进行对接，实现互联网落地，让消费者在享受线上优惠价格的同时，又可以享受线下贴身的服务。同时，O2O 模式还可以实现不同商家的联盟。

很多企业会结合以上一种或多种跨境电子商务运营模式，甚至会结合产业链中的制造商和供应商，打造综合模式。比如，米兰网作为一家跨境电子商务出口企业，采用了 B2B＋B2C＋O2O 模式；大龙网作为一家跨境电子商务出口企业，采用的则是 S2B2C 模式。

二、数字经济下发展农村跨境电商的实践措施

（一）做好顶层规划，助推城乡协调发展

农村跨境电商行业若要实现又快又好发展，必然要依靠组织支持，由党委发挥主导作用，通过政府负责、社会协同、公众参与、法治保障，构建现代乡村社会治理体制。首先，做到总体统筹与全过程协调。跨境电商属于社会经济系统的一部分，其中涵盖产业链、价值链、服务链、供应链，具有系统、整体的特点。因此地方需要尽快完善农村网络基础设施，建设道路、物流仓储、农产品集散地、电商产业集聚区等，加大促进城乡协调的力度，采取联动形式全方位落实好跨区域规划布局，基于一体化角度进行综合考量，进而有效推动农村跨境电商产业的转型升级进程，为乡村振兴提供助力。其次，对产业展开深度调研。每个农村地区在农业资源、产业优势、经济发展水平、城镇化程度等方面均存在显著差异，针对跨境电商活动的顶层设计必须建立在深度全面调研的基础上，结合设计情况，将跨境电商活动同地方产业有机结合起来，将企业、产业、农户、生产要素、社会力量进行精准对接，实现优势互补，构建全新的产业分工模式，促使跨境电商业务在农村地区生根发芽。最后，确定切实可行的发展目标。做好顶层设计的关键是要结合当地实际，避免盲目与浮夸，精准定位跨境电商业务的发展方向，分别确定短期目标、长期目标、战略目标。与此同时，要立足于现有的资源、人力，选择合适的突破口，逐步推进，将各个阶段的发展目标进行细化。

（二）深化农产品赋值，落实品牌化发展

农村农副产品的生产主要采取分散农户经营模式，因此产品不仅无等级，而且处于非标品、低品质状态。农村地区在开展开跨境电商业务的过程中，应该努力改变上述现状，积极采取规模化、品牌化的经营模式，重视生产过程的监督，促使农副产品生产在保证数量的同时，也能兼顾质量。具体到实践中要做到三点：第一，标准化作业。农副产品若要实现质量上行，标准化作业是先决条件，需要根据跨境电商业务对于农副产品在质量、等级、规格等方面提出的要求，编制并颁布相关作业标准，采取"技术指导＋电商经营主体牵头＋农户跟随"的作业形式，确保初级农副产品的生产质量能够达到跨境贸易要求。第二，品牌建设。考虑到同类农副产品之间并不会存在明显差异，因此需要对当地特色农副产品展开全面梳理，然后选择出最具潜力或者最受海外市场青睐的产品，对其进行包装、宣传，使之成为彰显地域特色的产品品牌。另外也可以根据优质品牌的特质、标准，对农副产品的要求进行提升。第三，全程介入。农村跨境电商业务的开展，要求将数字化、标准化渗透到生产、加工、市场准入、流通销售等各个环节，以绿色、附加值、品质、标准为特色，从而更好地引领跨境电商产业的发展。

（三）实行多方联动，构建电商生态体系

政府部门以及跨境电商企业需要认识到，跨境电商产业的发展并非仅是依靠专业人才培养、搭建电商服务站、开展品牌策划活动就能实现的，若要提升跨境电商的影响力，还需要坚持节约、保护的基本原则，以此来有效构建跨境电商生态体系。为了有效实现这一目标，应做到以下两点。

第一，完善基础设施，改善"硬"环境。信息通信设施的完善是跨境电商产业发展的基础，相关部门应该发挥主导作用，将基础设施建设的重心进行下移，也就是说针对可以升级的设施设备尽快安排技术人员进行升级，针对不能升级或者再利用的设施设备重新购置或者新建。总

而言之，就是要让光纤网络、宽带网络实现区域全覆盖，避免数字鸿沟阻碍跨境电商业务活动的正常推进。同时统筹现有的山水林田，针对适配跨境电商业务的分拣、包装、仓储、物流、冷链运输等产业进行科学布局，依法依规使用土地，严格遵守生态保护红线，这样才能让农产品在更大范围、更广领域、更高层次进行流动，持续推动农村跨境电商提质增效。

第二，联合多主体，优化"软"环境。相关部门应该紧紧把握农村跨境电商竞争的核心要素，实施精准发力，努力构建全新的生态链，即"培育致富带头人＋引入先进技术手段＋创新产品"，并且要将三个环节紧密衔接、环环相扣，以便吸引更多社会力量参与跨境电商业务，实现政府部门、组织机构、电商平台、直播达人、合作社、科研院所的多重主体联动，确保消费者、农户、平台三者实现合作共赢。与此同时，要切实提升农村生活、教育、卫生医疗等方面的公共服务质量，坚持以"适应电商，便民利民"为原则导向，搭建层级分明、类型多样的公共服务体系，将城乡之间的公共服务差距缩减到最小。

（四）立足地域特色，优化电商运营模式

在发展跨境电商产业的过程中，相关部门及企业应该从当地地域特色出发，规划切实可行的电商运营模式，构建"跨境电商模式＋农村"的格局。一是构建"线上＋线下"混合模式。在条件允许的情况下，农村地区应该积极建设 5G 基站，让 5G 网络逐步实现全覆盖，为构筑线上品牌展示、线下渠道铺设、实体店体验运营奠定硬件基础，有序推动农产品的全产业链发展进程，让生产与销售精准对接。二是建立新型互动交流模式。积极采取"互联网＋"手段，在县域内广泛开展农产品合作，依托农村地区现有的电商直播基地进行线上营销，促使跨境电商企业的核心竞争力得到显著提升。另外，以短视频平台、产业体验基地、特色小镇活动等作为载体，进一步优化网络营销环境，打造立体互动式营销模式。三是协同多方面力量。为有效弥补农村跨境电商发展过程中

存在的不足，当地政府部门应该牵头，引领跨境电商企业之间建立联动发展机制，持续增强运营主体的集聚力，使跨境电商业务的各个环节紧密衔接。与此同时，应坚持以政府为主导、跨境电商企业为主体，构建电商产业集群，让农村地区有限的资源实现优化配置，让资源利用效率实现最大化。四是各级政府部门针对农村跨境电商项目，尽快出台相应的支持政策或者项目，比如税收优惠政策、综合示范工程等，目的在于增加村级服务站数量，打造农产品区域品牌，助推村级集体经济提质增收。

（五）采取多样举措，建立人才培养机制

为有效破解人才瓶颈，重点是要多方面配合打好组合拳。第一，完善跨境电商专业教学机制。当地高校、职业院校需要深刻认识到农村跨境电商产业对于人才素质与专业能力的要求，并以此为依据，科学编制专业教材，对教育教学模式进行合理创新，切实做好农业、农村、农民三者同专业课程的衔接。在教育教学组织阶段，对现有的人才培养方案进行优化调整，积极将真实的电商场景应用到理论、实践教学环节，确保学生可以将"金融＋跨境电商＋物流＋数字经济"相关知识内化于心，并灵活应用到跨境电商业务活动中，为业务活动的高质量推进贡献力量。第二，健全校企合作机制。农村跨境电商产业发展是一项系统性工程，政府部门应该着力建造电商产业园区，将电商企业、农村经营主体引入其中，以此来为在校学生提供电商创业、电商实践的机会。针对模式不同、发展潜力不同的电商企业，采用针对性编制激励制度，基于其差异化税收优惠政策，使产学研合作常态化进行。第三，利用政策吸引人才。政府部门需要积极编制政策用于鼓励大学毕业生、退役军人、外出务工技术人员等回乡创业，与此同时，对于专业知识丰富、有创业理想的新型农村经济主体，需要对其加以引导，促使其主动投身于跨境电商业务领域，成为产业链的一部分。积极对接电商从业经验丰富的人员或者电商职业经理人，鼓励其向农产品方向延伸业务线。

第三节　农村电商与数字乡村融合

一、数字乡村基本概念

（一）数字乡村是乡村振兴的战略发展方向

百年沧桑迎来百年巨变，从农耕时代到工业时代、信息时代，现在正式进入数字时代。当今的乡土中国正在跨越式地向数字乡村转型，夯实数字政府基础，构建数字中国蓝图，实现中华民族伟大复兴。

山水田园、乡土中国，绿水青山就是金山银山，构建科学的数字乡村模式成为建设数字中国的重要课题。一个成功的数字乡村模式会产生良好的示范作用，具有十分重要的现实意义和战略意义。

构建数字乡村的模式，要确立数字乡村建设的核心理念和基本维度，清晰地给出数字乡村的定义，从而符合逻辑地演绎出一系列概念、体系，衍生出各种具体形态，进而提出一套行之有效的数字乡村建设方案。

（二）数字乡村建设的核心理念

根据镇域资源和传统乡村业态的特点，充分引入数字技术，对镇域经济、文化、乡村治理等进行融合、转型和升级。既要保持镇域各业态的个性化和独立性，又要建立起一个数字乡村的有机联动体系，促进镇域内外资源融合和资源共享，提高乡村经济收入和乡村文明程度，打造具有中国镇域特色的数字乡村品牌，实现乡村振兴、数字中国的战略目标。

（三）数字乡村的定义

数字乡村、数字政府、数字中国的内涵一脉相承，是我国社会从农耕时代进入工业化时代、信息化时代，并跨越式迈进数字化时代的必然产物。在数字技术的驱动下，数字乡村经济基础决定数字政府上层建筑，数字乡村建设正是传统乡村在数字时代转型的必经阶段。

数字乡村是乡村振兴的战略发展方向，坚持"自治、法治、德治"相结合，是一个以数字技术驱动城乡资源融合，赋能型、自进化的数字时代乡村生态体系。

（四）数字乡村建设的标准与创新

数字技术是数字时代的内核，具有科学严谨的技术标准，其应用生态又具有快速迭代特征。以数字技术为核心驱动的数字乡村建设，既要符合数据交换与共享的标准，又要发挥乡村资源的独特性，因此数字乡村建设要因地制宜、科学规划，资源融合、创新发展。

（五）数字乡村建设标准化含义

第一，数字乡村建设所采用的底层数字化技术、农业物联网技术、异业联盟和跨网络之间的接口技术，必须标准化，其目的是促进数字乡村业务数据的处理与交换，以及整个数字乡村业态的升级迭代。

第二，数字乡村的项目形态及商业模式，必须因地制宜，根据各村、镇的土地农林环境资源及乡村文化特色，在共性的基础上，策划出多样化、个性化的数字化资源融合平台和互联网商业模式，以避开数字乡村建设的同质化红海陷阱，建立起具有核心竞争力的数字化商业模式。

第三，数字乡村建设运营团队必须专业化，数字乡村建设项目具有"资源＋资金＋人才"的特征，即丰富资源的专业性开发与匹配，多渠道资金的对接与运营，数字化专业人才团队的管理与运营。因此，必须建立一整套以数字化技术为核心的高标准运营管理体系，目的是高效地与跨域性产业资源平台接轨，与国内外资本市场规范接轨，与国际性人才市场标准接轨。

二、数字乡村视域下农村电商人才培养模式创新

为了更好地促进农业经济发展，国家提出了乡村振兴战略和新农村建设，进一步激发了农业经济发展活力。要实现农业经济持续高效发

展，充足的人才资源供给必不可少。数字乡村视域下，电商运营模式为农业经济发展提供了新的途径，但是，目前农村电商人才普遍缺乏，阻碍了农村电商有效发展，影响了电商对农业经济发展的推动作用，因此需要各个地区结合农村电商人才情况，做好相关人员的培养及供应。

（一）农村电商人才培养的重要性

1. 推动农村电商可持续发展

借助电商优势和作用，能够有效提升农村经济水平以及改善农民生活状况，这也是国家和地区提倡和鼓励农村电商发展的重要原因之一。农村电商要得到有效持续发展，人才资源供应发挥着至关重要的作用。结合我国各地区农村电商发展的情况来看，很多农村都积极探索电商发展模式，农村市场对高素质电商人才有着很大需求，但相关人才缺乏制约了农村电商的发展速度。因此做好农村电商人才的培养，能够为地区电商发展提供高素质人才，提升农村电商发展的高度；同时人才培养能够为农村电商提供充足的人才资源，扩大各个地区农村电商发展的人才覆盖面，扩展农村电商发展范围，对农村电商高效持续发展起到推动作用。

2. 促进"互联网＋农业"的实现

在互联网时代背景下，各行各业都在探索互联网的行业融入模式，"互联网＋"成为新时期的研究热点，而"互联网＋农业"则是当今时代背景下新型农业发展的类型，也是未来农业发展的主要方向。农村电商是"互联网＋农业"发展进程中的重要表现形式，但农村电商的发展需要充足的高素质电商人才，借助其知识和技术掌握农业市场动态，并及时获取需要的信息，实现对农产品销售方案的调整和销售渠道的拓展。因此，要做好农村电商人才的培养，以农业电商推动农产品网络化产业链发展，为实现"互联网＋农业"提供助力。

3. 为实现新型农民创业梦想提供条件

传统农民已经不适应时代发展趋势的要求，新时代背景下，国家积极提倡新型农民培养以推动现代化农业发展。农村电商的发展为传统农民向新型农民转型提供了契机，通过培养农村电商人才，能够强化传统农民的互联网意识，以电商思维促进农民转变以往的农业活动及农村生活方式。

同时，农村电商的发展极大地拓展了农业市场，通过开展农村电商人才培养，对提升农村地区新型农民的综合素养以及创业发展具有很大帮助，并且农村电商的互联网经营模式能够促进农村地区更快实现乡村振兴。

（二）现阶段农村电商人才需求及培养模式

1. 农村电商人才需求分析

农村电商发展需要相关人才作为支撑，也对电商人才有着较高的要求，其不仅需要掌握电商理论知识及技能，还需要深刻了解乡村发展以及农业生产等情况。结合农村电商发展需求，主要需要三类电商人才。一是农村电商需要借助网络或者平台开发农产品销售市场，要求相关电商人才在掌握农业知识的基础上，还要熟练网络和新媒体技术等，做好技术的应用和品牌的开发、运营，因此农村电商发展需要高素质的运营人才。二是电商发展需要以技术作为支撑，相关人员的技术水平对农村电商运营及发展有着直接影响，需要其具有网络平台开发、管理以及数据分析等能力，并且能够做好产品拍摄和处理，这对电商人才综合技术要求较高，因此农村电商发展需要高素质的技术人才。三是和传统农村及农业发展规划不同，农村电商发展需要做好农业市场的拓展、产品增加等方面工作，规范化与标准化管理农产品的生产、销售和物流等环节。相关人员需要具有良好的品牌营销和管理能力，同时熟悉相关的法律法规和惠农政策，因此农村电商发展需要高素质的战略营销及管理人才。

2. 现阶段农村电商人才培养模式

各地政府相继出台了扶持政策，开展了相关培训活动。现阶段，农村电商人才培养模式主要存在随意化和盲目化的问题。因为农户群体电商素养不足，少量熟悉电商的农户能够从事农村电商工作，但大部分从事农村电商的人员是大学毕业生，其主要通过自主分析与研究来开展农业电商工作，很多知识都是借助互联网以自学方式掌握，这也导致农村电商经营和发展缺乏专业性和规范性，不能有效把握网络销售的卖点及流量，没有借助电商平台及数据实现精准化和个性化服务。一些地区虽然组织开展农村电商人才培养以及培训活动，但此种模式并没有得到有效普及，活动开展缺乏科学性和持续性。

（三）数字乡村视域下农村电商人才培养模式创新路径

1. 加强地区人才培训及孵化，做好高素质人才引进

地区政府部门需要加强对本土人才的培训和孵化，结合农村实际情况和人才需求，制定针对性的人才培养方案，加大人才培养力度，便于实现农村电商人才的有效供应。地区政府部门需要加强本土化人才队伍建设，针对农村地区走出去的高端人才及杰出乡贤，做好人才归乡和人才留住工作，做好政策和家乡发展的宣传，鼓励其返乡就业、创业，促进农村电商发展。还要注重"乡贤经济"的发展，针对地区内走出去的电商成功人士或者企业，要与其加强联系，让其将所学先进技术、经验和资金反馈服务于家乡发展，从而推动农村电商发展。此外，地区还要出台激励和扶持政策，吸引高素质人才参与本地区农村电商的发展，相关部门和企业还要做好对相关优秀人才薪酬及福利待遇的提升工作，从物质方面留住人才，从而持续推进地区农村电商经济发展。

2. 加大教育体系人才培养力度，做好高校高素质人才供应

高校需要全面认清农村电商发展对相关人才的巨大需求，结合农村电商发展需求设置和制定专业及人才培养方案，电商人才培养需要增加农村电商人才培养的方向，要求学生不仅掌握电商知识和技能，还要对农业知识有全面、深入的认知。要达到人才培养目的，高校还应打造良好师资队伍，确保相关教师精通农业和电商知识，各校之间可以加强合作，实现优势互补和资源共享，这对复合型农村电商人才培养有着积极作用，从而助力农村电商发展。

3. 完善系统性人才培养体系，确保人才培养效果

系统性人才培养体系是实现农村电商人才培养及供给的必要保障。

地区要实现相关人才高质、高效培养，一定要完善系统性人才培养体系，制定和落实科学化的人才培养方案。在农村电商人才培养中，要结合多元化电商人才需求，提升培训活动的针对性。可以结合农民学习特点为其开展实操培训活动，并根据不同知识水平和需求的农户开展电商平台技术、电商平台管理、电商平台经营等培训，后续还要帮助学员做好平台注册、美工处理和产品包装等工作，从而有效解决农村电商发展中的难题。通过实现多元电商人才的培育，打造农村电商模范群体，带动地区电商发展。另外，地区政府部门可以通过引进第三方培训机构的方式来实现人才培养计划，如相关部门可以借助项目招标来选择高水平的第三方培训力量，实现对相关人才的系统化和有效化培育。相关部门需要做好对培训效果的审查和考核，从而为农村电商发展提供高素质电商人才。

三、数字乡村视域下农村电商高质量发展的对策

（一）提升农民数字化素养水平，助力农村电商高质量发展

数字乡村建设发展必将是数字农业人才的竞争，农村电商高质量发展必将是智慧云信息的较量和智能大数据的博弈，未来农村电商在运营、销售、物流、服务等方面需要依托数字信息技术开展。作为农村电商的主要力量，农民群体的数字化素养水平决定着农村电商数字产业化发展的进程。

1. 构建完善的乡村网络设施

坚持"政府主导、社会负责、企业入驻、资源共享"的数字乡村建设理念，突出政府主导地位，加强农村基础设施资金应用，在农村实施Wi-Fi全覆盖，加强网络基站和平台建设，改善网络接入条件，大幅提高互联网的投入率及覆盖率，在农民日常生产生活中推广使用移动互联网终端设备，为农村居民享有信息获取能力、公共服务资源提供保证。建设完善的智慧乡村平台，打通乡村信息传播的"最后一公里"实现民生、政务、教育、医疗、经济线上办理，为提升农民数字化素养提供基

础保障。

2. 全面推进农民数字化培训进程

要了解农民使用数字化设备的内在需求，激发农民使用数字化设备的主观意愿，提高其积极性。通过开展农村电子商务培训班，开设各类数字化、信息化技术技能培训班，运用线上教学的方式促进农民养成电子设备的使用习惯，达到熟练操作目的，加快培育农民的信息素养。根据不同需求为农民提供针对性较强的信息技术培训、讲座和辅导，改变农民的思维认知和行为习惯，构筑完整的信息支撑体系，将信息产业技术转化运用到农村电商发展上，为提升农民数字化水平提供内容支撑。

3. 加速推进农民职业转换和身份转化

通过政府引导，向农村推广电商营销，并将典型的农村电商成功案例在农村社会进行宣传报道，鼓励农民加入农村电商队伍，培养农民的数字致富意识和处理数字信息技能，让数字时代农民熟练掌握使用物联网、大数据、5G、人工智能等现代信息技术，并将其延伸运用在农村电子商务中，推动数字信息技术与农村电子商务产业融合发展、协同共进，持续释放农村电商的市场活力，为提升农民数字化水平提供数字技能支持。

（二）完善农村电商物流体系，全方位提升物流产业发展进程

数字乡村建设进程的持续推进，不断推动农村产业变革，农村电商迎来新发展阶段，随着 O2O、B2B、B2C、C2C 等电子商务模式的兴起，线上平台购物、线下物流配送成为农村电商的销售流程，因此要建立完善的农村电商物流体系，畅通农产品经销通道，促进农产品走出农村走向世界。

1. 完善农村电商物流政策法律体系构建

在国家层面，要进一步加强农村电商物流体系顶层设计和整体规划。在地方层面，地方政府要结合地方发展实际出台农村电商物流管理标准及暂行办法，明确农村电商物流建设标准，构筑更加完善的物流成本核算体系，规范农村电商物流运行管理，通过法律法规对农村电商物流进行约束和管理，营造良性竞争的氛围，保障农村电商物流持续稳定、高效、安全运转。

2. 强化农村电商物流配送体系建设

国家要对农村道路建设给予资金、技术等方面的支持，对农村电商物流实行政策优惠。完善分级、分类配送服务体系，确保农村电商服务体系规范化发展，针对农产品差异性强的特征，科学分配资源，构建多功能、多领域、多方式的物流配送服务体系，在具体配送过程中主要依托农村的交通网络，配合国内各项交通枢纽，对于出口或保质期较短的农产品采取水陆空相结合的方式进行配送。在农村交通道路网络建设上进行科学合理规划，提升农村交通道路的通达性和便利性，促进农村电商物流末端配送效率提升。

3. 推动农村电商物流集散中转体系建设

一方面强化农村电商物流双向中转体系的建设，既要推动农产品出口销售，也要促进其他产品进口，要在农村广泛设立农村电商物流收发点以及物流园区，尤其在农村电商较为集中的地域统一抽调资金建立大型物流中转站，宣传吸纳不同类别物流公司投入建设。另一方面加强农村电商物流综合服务管理平台的构建，丰富平台的各项功能，引进农村电商人才操作运行平台，通过线上平台实现宣传、购物、销售、服务、售后等一站式服务，缓解农村电商物流集散中转压力。

（三）补全农村电商全产业链短板，全面提升抵御风险能力

农村电商全产业链是在市场实践中形成的，纵向包括产业链上下游，横向包括产品生产、产品加工、包装营销、物流销售、售后服务多个环节。完整的产业链条能够抵御外部风险，使得产业链各环节、各部分更加安全稳固。数字信息技术与农村电商的有机融合，能够使产业链上各环节、各部分衔接更顺畅，提升产业链抵御外部风险能力，开拓衍生产业链拓宽辐射范围，促进农村电商全产业链条高效有序运行。

1. 整合优化农村电商产业链资源

一方面对农村电商产业链各环节进行整合，注重开发一站式服务平台，营造优质服务环境，助力企业高质量发展，创建属于产品的功能App。另一方面针对存在风险隐患较大或抗压能力较弱的产业提升数字

化发展进程，特别是在产品营销环节，要将营销重点从线下转移到线上，利用数字化信息技术打通互联网市场，将产品的包装在网络铺开，提高产品的信誉度和知名度。

2. 完善补齐农村电商全产业链体系

农村应重点开拓物流销售渠道，从引进物流企业与提升数字化销售水平入手，力争在农村全面铺开物流配送网点，构建城镇乡村四位一体物流网络，利用数字信息技术和大数据技术精准有效地处理信息咨询、订单生成、物流配送等各项业务。在售后服务产业建设上要做到线上不断线、线下有基地，让消费者足不出户便可完成各种信息咨询和问题反馈，满足消费者的各项合理诉求和消费需求，提升售后服务效率和质量。

3. 拓宽农村电商全产业链辐射范围

进一步推动农村一、二、三产业协同融合，扩大农村电商产品销售种类，将工业、信息服务业、制造业、住宿饮食等产业的生产产品纳入电商销售范围，在产品加工包装环节要与食品加工厂、广告媒体行业合作共赢，重点开拓以农为主、围绕农业的衍生产业，如农产品加工厂、农家乐、采摘园、轰趴馆、生态产业园等产业，有利于农业电商产业链持续良好发展。

（四）凝聚构建农村电商产业集群效应，优化产业集群化发展

1. 优化集群品牌传播形态

政府通过创建产业孵化基地或创业园区吸引农村电商企业入驻形成集群效应，整合电子商务产业链资源，引导农村商户统一销售标准，群策群力带头引领打造乡村农业集群品牌。制定农产品销售标准，统一品牌营销策略，划定产品推广范围，促进农村电商营销模式由单打独斗向团结协作、资源共享转变，从品牌名称、商标、功能、宣传标语、营销范围等方面进行优化，提升客户对于品牌印象和关注，最终达成优化集群品牌传播形态的目的。

2. 开放共享释放集群资源优势

通过农村电商产业集群化、规模化发展，提升农村电商产业集群的社会知名度、认可度和美誉度，广邀各方企业加入集群，将各方力量汇聚到集群中，共同推动农村电商产业集群高质量发展。要充分利用集群内人力资源要素，提升从业人员数字专业素养和水平。要突出产业集群资源优势，"引"与"培"相结合扩充农村电商产业集群规模。深化"政校企"协同合作，将政策优势、地域优势、科技优势、人才优势转化为农村电商产业集群优势。

3. 协同合作提升集群竞争力

在产业集群基础上建立行业范围内企业和从业人员广泛认可的电商协会组织以及战略合作基地，为农村电商产业集群发展提供指导支持和资金保障。强化农村电商产业集群与链条衔接的政府、金融、信息技术等产业的合作交流，寻求国家、社会、高校的更多支持帮助，优化农村电商产业集群的运营模式。开拓信息交流渠道，降低信息成本，将数字信息技术推广应用在集群内各环节，确保集群内企业能及时有效获取行业咨询、销售情况、客户信息，从而提升农村电商产业集群的竞争力。

第四章

数字经济时代农产品电商营销实践

第一节　农产品电子商务的主要模式

要实现农产品电子商务模式的发展和创新，应对农产品电子商务的模式有一个全面的了解。从本质上来说，我国农产品电子商务的模式主要有信息中介模式、社会化营销模式、交易服务模式、价值链整合模式四种。

一、农产品电子商务的信息中介模式

（一）信息中介模式概念

农产品信息中介模式，狭义上理解为集中买卖双方的信息然后提供给农产品供应者或者客户以进行直接交易的业务模式，广义上可以理解为通过提供农产品信息来获取收益的电子商务业务模式。当前，农产品信息中介会通过信息采集网络将各类信息进行集中，如农产品供求信息、农业经济主体的基本信息和消费者对农产品评价信息等，再进行信息的组织加工，最后将通过网络、报纸、手机短信等方式将各方所需的信息进行传播（一对多的传播方式），同时也会根据客户的需求提供个性化服务（一对一的传播方式）。

很多学者在进行此项模式分类的时候提出了"电子目录模式"。"电子目录模式"是最简单和最原始的企业信息网上发布的业务模式。企业信息主动提交给第三方或者企业信息被第三方直接发布，这些信息仅包

括公司名称、地址、电话、邮编、E-mail、公司网址、产品简介等文字信息。这种模式多为免费，目的是发掘潜在农产品顾客，但随着技术的发展和第三方信息服务机构服务质量的提高，目前多数网站可为企业提供发布产品照片、视频，建立公司主页，发布供求信息及站内关键词检索等服务，如今这种网站已经发展为第三方市场。

（二）信息中介模式作用

信息中介模式最重要的功能就是降低了信息不对称性，使交易双方得以在公平的基础上开展其他商务贸易活动，所以此模式的功能都是基于这点而丰富延伸的。首先，缩短农产品交易链，农产品供应者与客户直接进行交易，提高农产品商务链的周转效率；其次，通过集中交易双方的信息，快速扩展市场的范围，农业经营主体可以通过文字、图片、声音、视频等多种手段进行宣传；最后，大大降低农业经营主体进入市场的门槛，使大量小农户有直接面对终端经销商的机会。

二、农产品电子商务的社会化营销模式

（一）社会化营销模式概念

农产品社会化营销模式主要是应用网络相关核心技术（如博客、RSS、论坛、微博、SNS 等）而发展起来的商业模式。它将个人现实生活中的社交圈子网络化，并充分利用个人所有的人际关系资源，通过朋友的朋友或者虚拟网络迅速建立起自己的基于网络信任的社交圈。在这种方式下，人们可以根据某一共同感兴趣的话题进行交流，由信息接收者转变为信息制造者和信息传播者，同时信息传递方式变为了一对多。这个方式使交易链上各个环节的个体可以广泛地表达自身所想传播的信息，这样它也成为一种用户黏合度较高的网络型交流农产品信息的方式。虽然它并不属于价值链的任何一个基本元素，但是它能够为整个价值链或价值链系统增加巨大的信息交换量，它的最终价值也是成员（伙伴或客户）为社区环境提供的信息。目前，微博、社区、O2O 等社会

化网络平台日益崛起。对传统企业来说，如何迅速改变传统网络营销思维，采取最适合自身发展的营销策略，以在纷繁、干扰的网络环境中发现目标用户并最终建立营销生态体系，最大化达到营销效果，已成为经营者进入网络营销时代面临的新课题。

（二）社会化营销模式作用

当前，我们正飞速步入移动互联网时代，在这种大前提下，农产品营销更需要考虑到这一新兴数字化营销体系，包括用户社交管理、移动客户端管理、网络营销管理等。农产品社会化营销模式在一定程度上将大幅度辅助提升其他营销方式的效果，在带来流量的同时保持客户黏性，如搜索引擎营销的效果。此模式将依据 LBS（即基于位置的服务，Location Based Service）等新技术开展精准营销、客户服务、会员收集、客户关系管理等服务。此模式将更有利于农产品品牌个性化塑造和农产品的推广，有效为农产品经营者聚集人气和提高品牌曝光率。

三、农产品电子商务的交易服务模式

（一）交易服务模式概念与作用

1. 交易服务模式概念

交易服务模式是农产品生产者或农产品经销商自建网站为消费者提供交易服务或者借助第三方平台为消费者提供交易服务的电子商务形式。此模式主要分为两类。

（1）自建网站直销农产品，包括生产者直销和自建电子商店的形式。

（2）搭载第三方平台销售农产品，包括以 B2B、B2C 为主的第三方交易市场形式，以 C2C 为主的第三方交易市场形式、农产品电子拍卖、期货交易模式、以线上宣传为辅、线下贸易为主的形式。

2. 交易服务模式作用

此模式给农业经营主体和消费者带来的实惠有三个方面：第一，方便性。这种交易服务模式彻底改变了传统购物的面对面一手交钱一手交货的付款方式与自带农产品回家的物流方式。第二，直观性。此方式使消费者可以多角度、多形式地观察商品,快速地访问千万家经销商,以达到亲临卖场的效果。第三,低成本性。网站或者平台可以达到 7×24 小时的经营,一次构建无限次的应用,不受时空因素的影响,各种风险明显降低。

(二)交易服务模式的应用类型

1. 生产者直销形式

在此形式中,农产品主要通过生产者自建的网站进行产品宣传与销售。生产者多为初级农产品生产加工企业、专业合作社、农业协会或个别农业大户等。

相比农产品深加工企业而言,初级农产品加工企业自建网站数量相对较少,同时网站功能也比较简单。这种情况出现的原因主要是农产品本身的特殊属性和企业规模小等。此外,建站目的也大多是宣传企业自身及其产品。网站功能上,在线单笔交易相对较少,产品多为批发销售,部分网站可以在线询价,多家网站建有两种以上语言以保证产品外销。本模式相对成熟,但要求生产者有一定的经济实力以保证建站及维护。基于当前存在农产品标准化等问题,网站功能仍以宣传为主。

2. 电子商店形式

此类形式是基于 B2C 电子商务市场而发展起来的,目前主要有农产品综合性电子商店和专一产品类型的电子商店两种类型。这些类型的企业正越来越受到大众购物群体的青睐。

第一,综合性电子商店。经营综合性电子商店的企业多为大中城市中的网络公司,其依托自建网站进行农产品销售。站内产品类别多样,有完整的在线购物流程,企业多可以配送直达买家。农产品多来源于生产基地、第一级批发市场。收入主要是赚取农产品差价、广告费等。

第二,专一型电子商店。采用此类模式的企业多为大中城市中的网络公司,他们自建网站进行专一类别农产品的销售(如水果超市、鸡蛋超市),为城市客户提供网上订购与电话订购。其平台具有内容专业化、用户精准化等特点。盈利模式主要为产品利润、产品代理费、广告费等。

3. 以 B2B、B2C 为主的第三方交易市场形式

此类模式主要是指由农产品中介机构建立电子交易市场，同时为农业企业提供虚拟展台，农业企业自主在市场中发布产品供求信息，最终由企业自主完成交易。本模式多为企业级客户之间进行大批量农产品贸易。农产品第三方交易市场提供农产品专业化的分类、站内检索服务、农产品目录和品牌宣传、订购、支付等安全交易服务。企业需缴纳会员费、提供增值服务所带来的广告费和站内搜索排名费用，以及向第三方交易市场缴纳企业信誉等认证费用。

农产品第三方交易市场从涉及的范围分为两种：一种是综合性第三方电子交易市场，即水平型网上交易市场；另一种是专业性第三方电子交易市场，即垂直型网上交易市场。综合性第三方电子交易市场的典型网站有阿里巴巴、慧聪网、环球资讯、中国农业网、农博网、金农网、中农商务版等。专业性第三方电子交易市场的典型网站有中国葡萄网、中国园林网和中国水产养殖网等。

专业性第三方市场对于农产品销售同样非常重要。以猪易网为例，其可以提供市场当日价格、生猪供求信息、饲料供求信息、养猪技术、猪病技术、猪场管理等音视频内容，养猪行业上的产业链信息基本可以全部提供。这种专业性的网站也将成为一种发展趋势。

4. 以 C2C 为主的第三方交易市场形式

此类模式主要是指基于第三方建立的电子交易市场，农户个人或农业组织在虚拟展台上自主发布产品供应信息，等待买家完成交易。这种模式与前一种模式的主要区别是该模式中的供应信息主要由企业、农户等发布，大多等待终端消费者直接完成交易，并且通过第三方物流配送上门，单笔交易额相对较小。

调查发现，此类交易多集中在淘宝网，通过拍拍网平台的交易较少，易趣网交易为零。交易中存在的特点有：单笔交易额小；交易产品多为买家所在地不方便购买的产品（以水果为例，交易额较多的产品多为进口水果或者新疆等远途水果）；部分产品局限在一定区域内交易（如卖家仅售江浙地区，产品同城买家较活跃）；交易中物流时间、保鲜

保质成为买家关注点。

5. 电子拍卖形式

这类模式一般是指将农产品由拍卖机构在一定的时间和地点，按照一定的章程和规则，通过公开竞价而确定价格的方式，将出卖人的财物售给出价最高的应买人的一种商品交易方式

6. 期货交易形式

该模式是在农产品种养前签订订单，形成期货贸易，而目前多利用网络进行远期农产品合约的交易，即"农业订单＋期货贸易"形式。我国现已经形成的主要期货交易包括粮食期货、经济作物类期货、畜产品期货与林产品期货等；主要交易所有大连商品交易所、郑州商品交易所等；从事农产品期货交易的主要公司有中粮期货经纪有限公司等；主要的农产品期货咨询服务网站有农产品期货网、天下粮仓等。

7. 以线上宣传为辅、线下贸易为主的形式

这种模式主要依靠网络进行交易会等信息宣传，或者应用电子商务技术进行农产品的辅助交易。主要包括以下形式。

（1）大宗型产品交易形式

此类模式是在专业从事电子套期保值交易的大宗类商品批发市场中，以实物农产品为交易物的电子仓单交易模式。目前国内的农产品现货交易平台主要有上海大宗农产品交易市场、河北大宗农产品现货交易中心、西安大宗农产品现货交易中心、山东寿光果蔬交易市场、南宁大宗商品交易市场、江苏恒丰农产品交易市场等。

（2）农产品交易会形式

此类模式主要通过网上第三方电子商务交易平台进行农产品撮合，并定期举行交易会等线下撮合的促销洽谈模式。

四、农产品电子商务的价值链整合模式

（一）价值链整合模式概念

农产品价值链整合模式是结合价值链本身和企业的业务模式，从

"流程"的角度建立电子商务平台，通过价值链整合，使产业链条中相关企业建立了新的供销关系，共同分享销售、库存、结算等商业数据，共同进行品类分析和管理，以实现信息共享、管理结构扁平化，达到农业产业链上的效率最优化以及农产品的快速流通。

（二）价值链整合模式作用

农产品价值链整合模式将农业价值链的上下游农户和厂商的生产与运作信息进行集成、分析，从而实现农业龙头企业对其价值网的控制与彼此之间的协同。此模式中价值链管理者（一般为农业龙头企业）将掌握上下游合作伙伴的生产能力、生产现状、经营现状等，以更好地协调与控制整个农产品价值链的经营活动，提高市场的反应速度和抵御市场风险的能力。此外，对价值网各个层次的信息进行集成，能够提高信息的透明度，把价值链上的信息不对称降到最低，进而掌控产销数据，把握市场方向。

第二节　农产品"互联网＋"与自媒体运用

一、中国农业的互联网革命

（一）"互联网＋"与"＋互联网"的区别

在互联网思维如火如荼的今天，互联网模式带来的从产品技术到传播模式再到人才结构的冲击开始倒逼传统经济模式走上"＋互联网"的改革之路。例如，"银行＋互联网"的银行在线理财产品，"零售＋互联网"的国美、苏宁网上商城。与此同时，国内也有一批基于互联网崛起的企业。例如，"互联网＋理财"的余额宝，"互联网＋债券投资"的蚂蚁金服以及"互联网＋零售"的淘宝网、聚美优品和京东。从实际经营状况来看，"互联网＋"模式是优于"＋互联网"模式的。同样是互联网与实体经济的深度融合，那么"互联网＋"与"＋互联网"究竟有什么区别，基于互联网深度挖掘盈利模式的"互联网＋"思维到底在哪些方面优于互联网直接运用的"＋互联网"思维，这些问题可以从以下三方面进行对比。

1. 互联网思维驱动 VS 互联网平台运用

从广义上而言，不论是"互联网＋实体经济"，还是"实体经济＋互联网"，都可以用"互联网＋"来统称，最终目的都是促进全产业升级，进而带动全社会升级。但是"互联网＋"与"＋互联网"还是有本质不同的，二者之间存在明显的主导权的差别。"互联网＋"突出的是互联网对实体经济的改造，助力实体经济，从而带来创新和升级。而"＋互联网"则是实体经济使用互联网工具和平台生成一个新应用模式，或者构建一个新渠道。互联网在生产要素配置中的优化和集成作用并没有得到充分发挥，不会带来本质性的创新和变革。

事实上，有关"互联网＋"还是"＋互联网"的讨论早在几年前互联网和金融行业撞出火花，手机支付应用开始兴起时就已展开。当时，业界就对究竟是"互联网＋金融"还是"金融＋互联网"展开了讨论。当然，时至今日这种讨论已经逐渐停止。就目前来看，"互联网＋"处于攻势，而"＋互联网"处于守势。实体经济探求互联网转型的速度远远落后于互联网企业。无论是技术人才还是体制以及运营管理，都与互联网企业有很大的区别。尤其是实体经济的体制问题根深蒂固，很难通过简单的架构调整就能发生本质性的改变。反观基于互联网产生的网络经济，其企业自身的探索深入得多，速度要快得多。

换句话说，"互联网＋"中"＋"的位置表明引领我国社会发展的趋势，创新驱动的火车头就是互联网，实体经济则是车厢。"互联网＋"代表一种新的经济形态，即充分发挥互联网在生产要素配置中的优化和集成作用，将互联网的创新成果深度融合于经济社会各领域之中，提高实体经济的创新力和生产力。

2. 是否引起生产关系的重构

"互联网＋"的"＋"带来的绝不仅仅是生产力的提升，它还将带来生产关系的重构。历史上一些重大而关键的生产力飞跃往往会导致生产关系大幅度甚至根本性的调整。毫无疑问，从促进生产力要素重新配置、产业结构升级，推动生产关系围绕市场、资本、新技术大幅度调整，以及实现国民经济、社会发展的历史转型的意义上讲，互联网就是这样一种生产力。互联网已经成为中国经济改革与社会发展的新动力，接下来互联网将推动制度变革，生产力的发展必将推动生产关系的进一步调整。

从全球范围来看，这种重构正每时每刻在上演。如在出租车领域的滴滴、快滴在大幅提升生产力的同时，也在渐渐重构生产关系。具体来说，它们正在重新定义"出租车""出租车司机"。

3. 是否创造无中生有的供给与需求

"互联网＋"本身还代表着无中生有的供给和需求。如果以结果导向来度量一家实体经济企业"互联网＋"的成效，那么关键考察指标在于其拥抱互联网之后在供给与需求两端是否产生重构式的增量。如果只是物理叠加改善存量，那么只能称为"＋互联网"；如果能够产生化学反应创造增量，那就是"互联网＋"。从某种意义上讲，"＋互联网"的价值是利用互联网打破原有领域的信息不对称，从而实现效率重构，而"互联网＋"的价值在于互联网与实体经济深度融合，从而实现供需重构。供给端将原来的闲散资源充分利用，从而产生无中生有的供给。需求端则创造了原本不存在的消费场景，从而产生了新的需求，这种需求也许是曾经这一行业从未出现过甚至从未联想到的。

（二）互联网＋现代农业

为了从根本上解决我国现代农业面对的问题，国务院下达了"互联网＋"行动的指导意见，其中对"互联网＋现代农业"的指导意见特别指出，要利用互联网提升农业生产、经营、管理和服务水平，培育一批网络化、智能化、精细化的现代种养加生态农业新模式。形成示范带动效应，加快完善新型农业生产经营体系，培育多样化农业互联网管理服务模式，逐步建立农副产品农资质量安全追溯体系，促进农业现代化水平明显提升。由此可见，互联网已经成为助力农业，实现农业现代化水平提升的重要途径。将互联网与农业相结合，让农业拥有智慧，是现代农业发展的重要方向，也是从根本上解决我国现代农业面对的问题的最好办法。

1. 智慧农业生产

所谓智慧农业生产，是指充分运用现代信息技术成果集成应用计算机与网络技术、物联网技术、音视频技术、3S 技术、无线通信技术及专家智慧与知识，实现农业可视化远程诊断、远程控制、灾变预警等的智能管理。智慧农业基于移动互联网、云计算和物联网技术，同时依托部署在农业生产现场的各种传感节点（包括环境温湿度、土壤水分、二氧化碳、图像等）和无线通信网络实现农业生产环境的智能预警、智能决策、智能分析、专家在线指导，为农业生产提供精准化种植、可视化管理和智能化决策。

智慧农业生产主要应用于农业生产环境监控，通过布设于农田、温室、园林等目标区域的大量传感节点，收集温度、湿度、光照、气体浓度以及土壤水分、电导率等信息，并汇总到中控系统。农业生产人员可通过监控数据对环境进行分析，从而有针对性地投放农业生产资料，并根据需要调动各种执行设备进行调温、调光、换气等动作，实现对农业生产环境的治理。

智慧农业生产应用广泛，可用于智慧农业设施（例如智慧大棚、无线监测系统等）、智慧大田种植（例如机械化种植、水肥一体化等）、智慧畜禽养殖（例如 MTC 智慧农场）、智慧水产养殖（例如水产集约化养殖信息平台）以及智慧林业（例如林业物联网架构、林业应急防控网等）领域。

2. 智慧农业管理

智慧农业管理应该从现在亟待解决的三个方面入手：一是建立新型农产品电子商务平台，减少小农户与家庭消费之间的信息不对称；二是打造智慧农产品物流，降低农业流通环节的成本；三是构建农副产品安全追溯平台，解决农产品质量安全问题。

农产品电子商务是指在互联网开放的网络环境下，买卖双方不谋面地进行农产品商贸活动，实现消费者网上购物、商户之间网上交易、在线电子支付及相关的综合服务活动的一种新型的商业运营模式。

与传统工业品物流相比，农产品物流有四个显著特点：第一，农产品作为商品，保鲜困难，要求物流速度快；第二，农产品单位价值较小，数量和品种较多，物流成本相对较高；第三，农产品品质具有差异性，对产品分拣技术标准有不同要求；第四，农产品实物损耗多，价格波动幅度大，对物流储存设施有比较高的要求。发展现代农产品物流是当前降低农产品流通成本，提高流通速度的有效方法。

对于这些现状，因互联网发展而形成的智慧物流信息平台将深刻地改变农产品的物流模式。各农产品生产企业登录物流信息平台，强化农产品资源整合，从而减少物流流通成本以及农产品损耗，让农产品生产者省时省力。农产品经营者对农产品长途运输包装、分拣以及物流公司对生鲜商品运输的经验积累，都对智慧物流网发展起到了推动作用。

农产品可追溯系统是追踪农产品进入市场各个阶段的系统，有助于质量控制和在必要时召回产品。农产品可追溯系统是控制农产品质量安全的有效手段，各种质量认证能够有效控制食品的加工环节，但缺少将整个供应链连接起来的手段。随着智能手机的逐渐普及，二维码技术得到了很好的开发利用，现在许多零售业的龙头企业也将二维码技术应用到了农产品可追溯系统上，使消费者只需要通过手机扫码就能实现对产品的追溯，有效保障了消费者的知情权，让人们购买产品时更加放心。

二、农产品品牌拥抱粉丝经济

从没有一个时代像现在这样，由粉丝自己来做主。这个时代因为新媒体的出现和发展，比如微博和微信等新媒体平台，让个体的"人"在社会中更加主动，更加活跃，从而创造出更加多样的世界。

（一）粉丝经济时代的变化

1. 技术带来的变化

技术是新媒体时代的催化剂，信息则是人类世界不可或缺的元素，也是数字化的"人"的有机组成部分。在开始讨论这个"以人为本"的"粉丝经济"时代之前，有必要简单回顾一下技术变革带来的变化。

由计算机和互联网构成的互联网时代，革命性地颠覆了工业化时代的诸多方面。

纵观现代社会，万维网络连接了全世界。电子邮件成为个人通信的重要应用。随着即时通信软件的发展，个体又有了私密的即时沟通工具，而电子商务则将人与人之间的互惠互利进行了数码化和网络化。

与此同时，智能通信设备的发展也令人惊讶。移动电话进一步将人与人之间的距离拉近。移动通信和一对一的短信成为生活和工作中的必备工具。接着，定位技术也在大跨步地发展。一开始是基站位置，后来是 GPS 定位位置。随着移动电话进入智能时代，智能手机将互联网和移动电话进行融合。智能手机不仅可以提供常规的电话短信等服务，还可以访问互联网，进行移动即时聊天，应用各种智能应用程序以及进行移动电子商务和移动支付。

随之而来的社会化媒体技术带来了粉丝经济时代，话语权被交还给个体，每个人都可以在社交媒体上发出自己的声音。例如，就餐时的点评，逛街时的签到，看到新奇玩意时上网晒照。每个个体在熟人网络里交换信息，同时也在志趣相投的陌生人网络里交换信息。在这个时代，个体充分体现出主动性和参与性，尽力创造无限的内容和数据。

2. 个体与企业的变化

在技术的推动下，消费者与企业之间的关系正在发生着微妙的变化。这是一个个体主导的时代，越来越多的消费者开始主动发出声音，开始主导消费和创造，开始主导内容和行为。以前的那种广播式广告已经逐渐被淘汰，取而代之的是广场式交互，进而是客厅式交互，甚至卧室式交互，而且越来越多的用户开始创造内容。企业不再是交易的主角，消费者开始自己主动搜索询问社会化媒体中的其他消费者的建议、体验和口碑，并开始比较价格，选择渠道，甚至开始探讨个性化需求的定制。

随着原有的交易关系被打破，以无组织和自组织的形式出现的粉丝群体几乎很难再有传统的消费者和企业的关系，更多的是混杂在一起的新的组织关系、交易关系和社会关系。

由于个体的主导地位在加强，营销逐渐转化为交互和沟通。企业开始关注与娱乐、情感相关的潜移默化的营销，开始在生活圈中创造忠诚的客户圈子，或者建立粉丝群体。营销转化为娱乐和关系，在企业和消费者的关系中以娱乐的方式进行传播，开始更多地受制于消费者的口碑推荐。

口碑推荐的本质起源于消费者独特的自发的个人信息的交换，并不是由企业或者专业广告营销制作和设计的。当然也有一部分口碑营销活动在本质上是非常戏剧化的，它可能由口碑营销人员创建，但是被很隐蔽地传递给消费者，让消费者发现并有兴趣参与，同时愿意传播给他的同朋友和同事。

3. 微博、微信营销趋势

随着智能手机数量不断增加，手机也不再是一个简单的通信工具，它被越来越多地应用程序赋予了越来越多的变化，其中最明显的就是微博、微信、默默等交互式 App。在社交网络时代，个体常用的工具就是微博和微信，它们体现了沟通的核心功能：即时、可见和私密，同时可以通过文本消息、语音或者视频等多元化方式来沟通交流。传统企业与消费者的交互大多基于电话、短信或者电子邮件，而现在的企业大多基于社交媒体与消费者建立联系，甚至将消费者与消费者连接起来，集结成群，从而创造更多的信息交流和消费刺激。

（二）拥抱粉丝经济的四个新思维

企业的粉丝经济构建没有任何可以借鉴的经验和案例，传统的运营管理、客户管理、会员积分数据分析等将面临新的挑战。因为如今的消费者已经成为社交粉丝经济构建的重要角色，这意味着要有新的思维模式和思考方向，不能拘泥于旧思维的创新尝试和探索。

1. 社交性客户关系管理

在谈论社交性客户关系管理之前，需要先了解传统的客户关系管理。客户关系管理的核心是站在客户的角度思考每一件事情和每一个问题，或者说是由客户来驱动每一件事情和每一个问题。其第一要素是让客户驱动，站在客户的角度思考问题；第二要素是客户细分，基于客户的类别、级别和群体来为其提供差异化和个性化的服务；第三要素是聆听和学习，在社交网络中，如果想进步，就要不断地聆听、学习、参与和互动；第四要素是客户体验，即通过人性化的交互过程来传递给客户更好的体验；第五要素是要对企业的评估标准进行变革，传统的销量市场份额、品牌知晓度等标准要让位于客户的社会资本，主要包括客户信任、客户关系强度、客户活跃度和客户平均贡献等。

传统的 CRM 一般用客户细分来进行差异化服务，然而现在的 CRM 要逐渐转变成 CMR，也就是从客户关系管理转变为客户管理关系。所谓客户管理关系就是要让客户知道商家在哪里，并且让他们主动来联系商家。在这种情况下，当商家及时地将相关的产品服务或者咨询告诉他们时，他们就会积极响应。这实际上是在强调跟粉丝打交道最核心的是信任。

信任是基于持续的交流、沟通和互惠互利建立起来的，即使已经获得了对方的信任，仍然要诚实和礼貌，因为一旦信任被破坏就很难重新建立。说到底，品牌要由粉丝的需求来驱动，因粉丝而生产和传播，这样品牌就可以随时随地连接粉丝或者粉丝可以随时随地连接品牌，甚至品牌和粉丝都可以在一个社区或者社群里密不可分，浑然天成，此时人们就会忘记这个品牌原来的所有者，而只记得现在是属于粉丝的。

2. 社群思维

未来的商业一定离不开社群，无论是社区营销还是粉丝经济，其本质都是社群经济。社群经济建立在粉丝自发组织的社区平台之上，也可能建立在融合了多个粉丝社区或者品牌社群的小社会体系中，期间会产生社会资本、经济交换和商业运营的内容。

消费者支持的论坛是一张面向普通大众消费者的社交网络。如果企业有一个相对稳定的用户群，那么就可以建立一个真正的社区，比如VIP会员社区，这是很有必要的投资。对企业而言，可能有些活动是面向大众消费的，而有的活动可以面向部分特定客户。这些特定客户是相对稳定的群体，企业需要对自己的品牌产品或者服务有针对性地进行强化，还需要创建一个特定的客户社区，并通过特定的客户社区的准入协议，与客户在某些方面达成共识，比如采集信息与应用等。

此外，粉丝不一定只是消费者，还可以是企业内部员工和合作伙伴的员工。因此，粉丝社区也可以包括消费者社区、合作伙伴社区和企业内部社区等。所有用户在社区中提出建议或者投诉，也可以暂时在社区范围内传播，而不是在公共的社交网络上公开传播，这有利于改进商品和口碑控制。

3．O2O 新模式

O2O模式虽然来自国外，但在国内的发展却远远超过国外。这是因为国外的信息比较透明，经济环境和消费信用比较成熟，O2O更多的是线上到线下。国内的经济环境和消费信用比较复杂，信息也不对称，零售业态更加复杂，加上从一线区域到三、四线区域差异跨度很大，所以国内的O2O绝不是从线上到线下这般简单。除了线上到线下，很多企业开始从线下到线上，但是无论如何，最后消费者都会感到客户体验的缺失。因此学者们提出，企业如何远离价格优惠这个问题而更好地提升客户的体验才是最值得思考的问题。

4．自媒体

在当前以个体主导和消费者声音为主的时代，企业的品牌媒体应该如何定位？是继续由品牌主导和控制传播，还是由消费者发声？消费者的声音有正向的也有负面的，面对负面的声音，是逃避还是严防？

传统企业的市场营销部门进行的传播和广告都强调以品牌为主导，

以"推"的形式进行品牌传播，这在网络时代已经很难调动起消费者的关注和参与。现在的企业品牌面临的不再是传统媒介，而是以人为本的社交媒体和以智能终端为介质的移动互联网，其具有反传统的碎片化、移动化和社交化的特点，而且随时随地发生，时间和空间的特征也迥然不同。在这个时候，如果企业还是通过传统的传播流程、传播规范、审批发布模式和企业发言人机制来进行品牌传播，是完全不能适应这种新媒体节奏的。

什么样的模式和组织结构更适合新媒体的节奏呢？或许企业的品牌要考虑放权，不再是大一统的集权决策，而是下放到体现某个品牌特性或者主题的小团队，甚至是员工个人，由他们形成全员参与的新媒体，建立更具个性化且更鲜活的品牌形象。当然这样做很难控制，容易有风险，但是固守只会让品牌在新媒体的浪潮中最终被消费者遗忘。

（三）农产品品牌的粉丝经济运用

1. 使用 Social 凭证

通过点、券、码实现经济交换和社会交换之间的社交凭证的管理。"点"对应积分和虚拟货币，可以交换信贷和转让；"券"是促销活动和权益的凭证，可以发放、接收和使用，甚至转让买卖；"二维码"作为整个平台的识别核心组件，将完成识别个人、产品、商户和活动的任务。识别个人主要指消费者用微信二维码作为会员卡识别或进行品牌方会员注册，识别活动则是指参与促销活动或兑奖活动时，使用二维码作为优惠券或促销活动的识别。社交凭证的运营包括管理、跟踪、状态监控、条件鉴别、激活、失效、注销和完成等操作。

很多企业认为社交性客户关系管理（Social－CRM）就是简单地制作二维码，并让消费者扫码注册，是为了二维码而制作二维码。其实 Social－CRM 的核心是企业基于品类管理的数字化、运营能力的精细化而实现的电子商务或社群实时促销。例如，餐饮行业的社群活动，如果不涉及具体的菜品就毫无意义。假如有机会参与每个餐饮企业的餐前会，会发现所有的促销、推荐和任务都是跟具体菜品结合的。比如，增加对某菜品的推荐，对老年人群主推某菜品，以及对某种类型的客户进行新品赠送等。将这些设计运用到不同的社群活动中，才能真正与餐饮企业的具体运营相结合。

农产品企业在组织粉丝线上或者线下活动时也应该结合企业自身的产品结构和推广需求进行活动设计。农产品企业可以先推广当地蔬菜，再推广不易储存的蔬菜。此外，根据运输的远近和难易程度也可以开展相应的活动。例如，山东一个果园将运输距离较远的客户组成了同城会，同城会定期开展分享活动，分享活动时果园就将水果一次性寄出，同城会成员再根据自己的订单在分享会上领取水果。这样既给会员创造了线下社交的机会，也节约了企业的运输成本。企业将部分节约的运输成本返利给消费者用于举办活动，这样的设计深受有一定年龄的消费者欢迎。

2. 通过社群养粉

"养粉"是指通过与粉丝对话和互动，逐步建立信任，并鼓励粉丝参与产品服务或者粉丝活动，培养粉丝的责任感。大多数企业不是通过微博、微信、线下会员门户或者电子商城，而是通过社群或社区"养粉"。微博、微信和线下门户等都是粉丝互动和参与的渠道，而不是"养粉"的主阵地。

这涉及客户社区和渠道社区，也涉及品牌社区的大概念，它实际上是 Social－CRM 的一个组成形式。大的社群对应总的粉丝，而社群中的子组织，比如同城会等，是一个主题活动的对象和沟通互动的客厅。社区是自愿参与的，粉丝是自组织形成的。这就像一个游戏化的世界里面会有目标、级别和任务，也会有规则、闯关、限制、激励和反馈系统，还会有团队结盟和组成社群，从而持续成为一种粉丝生活习惯。

此外，在社交网络中，"养粉"最大的价值不在于重复购买，而在于粉丝的口碑推荐以及带来的社会资本的提升和经济交换的增加。粉丝将自己的体验分享到社交网络，或者给他的好友进行口碑推荐。他的好友接受口碑推荐，就会在设定的规则或条件下使用这个口碑推荐的内容。基于此，品牌方就可以同时对发送方和接受方分别进行推荐激励和购买激励。

农产品企业也可以在论坛中培养自己的粉丝。建议企业聘用专人充当达人消费者，使用丰富的文字和漂亮的图片在论坛中介绍农产品的各种烹饪方法，或者介绍农产品的辨识方法等，用隐形的手段吸引消费者关注企业品牌。此外，还可以用优惠等方式吸引草根消费者加入讨论。达人消费者虽然更专业，但是略显刻意，草根消费者的鲜活真实可以弥补这一缺陷。

3. O2O 现有模式介绍

O2O 的传播本质可以从三个阶段，即信息—物—人来剖析。第一阶段是信息的传播，包括点评、产品、导航、时间、空间和价格等信息；第二阶段是物的传播，包括产品、卡片券以及"信息＋物"的融合；第三阶段是人的传播，包括人的消费状态、消费阶段、接触点、关系强度以及"信息＋物＋人"的融合。只有第三阶段才是真正体现客户体验的 O2O，前两个阶段大多是围绕信息对称和价格的 O2O。

另外，O2O 的"O"已经不是单纯的"Offline To Online"，也可以是"Open To Open"。相对于当前比较简单的扫码或者卡券的 O2O 模式而言，只有结合客户接触点、客户生命周期阶段和消费状态分析，并从交易价值延伸到信任关系，进一步结合客户生活方式分析，或者结合联合品牌或者联盟商家设计的 O2O 情境，才是真正深入企业运营的 O2O。

当前农产品企业比较适用的就是点评类和二维码类。点评类 O2O 可以作为没有能力建立自身反馈网站的农产品企业的售后服务专区，关注消费者的评价和抱怨，并跟进服务，改进产品。二维码类的 O2O 可以帮助农产品企业更好地开展线上线下活动，更好地识别消费者。

三、农产品自媒体品牌打造

随着这股自媒体经济大潮的发展，加之其准入门槛低，自媒体中的个人品牌已成为最火的创业方式。同时，由于成本极低，这种打造自我品牌的方式也成为新创企业的宠儿。小米手机、锤子科技等新兴科技公司都开始使用这种方式建立品牌。但是，只有极少部分企业自媒体成功建立品牌社群，完成华丽变身，利用其品牌网络社群实现盈利。因此，如何建立自媒体品牌成为想要打造自媒体品牌的组织关注的核心问题。

（一）自媒体概述

1. 自媒体的定义

自媒体是指普通大众通过网络等途径向外发布他们本身的事实和新闻的传播方式。自媒体是普通大众经由数字科技与全球知识体系相连之后，一种提供与分享他们本身的事实和新闻的途径；是私人化、平民化、普泛化、自主化的传播者，以现代化、电子化的手段，向不特定的大多数或者特定的单个人传递规范性及非规范性信息的新媒体的总称。自媒体的出现丰富了网民业余生活，也为从业者提供了展现自我的广阔平台。

2. 自媒体的特征

自媒体在传播主体、传播载体这样显而易见的方面与传统媒体不同外，还存在三点独特之处。首先，自媒体具有交叉互播特征。用户不仅通过自媒体进行信息接收，还通过自媒体发布信息。其次，自媒体具有同质化特征。大众媒体面向不确定的受众，而自媒体由于其参与者具有选择关注的自主权，关注某一传播者的人与传播者具有类似的兴趣或保持接近的观点。最后，与大众媒体不同，自媒体具有拟人化的特征。自媒体用户大多是自然人身份，或者团队共同打造的自然人形象，在发布内容时也以个人口吻发布，让其信息参与者认为自己是在跟活生生的人交流。

3. 现有关于自媒体的研究

自媒体的基础性研究集中研究了自媒体的技术支持、自媒体给传统媒体带来的冲击、自媒体的定义、自媒体的分类、自媒体发展、自媒体特征、自媒体经济以及自媒体平台吸引力等方面的内容。

自媒体的运用方面，许多学者探索了大众媒体向个人媒体的转变对人类参与政治活动的正向作用，也有学者关注自媒体与传统媒体的联合使用方式。同时，该领域还关注了各行各业对新兴媒体的使用。

自媒体的治理类问题则是近年来危机传播和恶性舆论事件频发后才广受关注的。研究者们看重自媒体在危机事件传播中的重要功能以及自媒体传播的随意性大、信息可信度低、传播者任意造谣带来的消极影响，还有自媒体的公民行为与伦理问题。另外，研究者还探索了在法律、行政管理领域自媒体的治理问题以及政府对网络舆论的应对问题。

（二）自媒体品牌

1. 自媒体品牌构成要素

品牌建立的研究包括品牌资产、品牌价值与品牌关系，三者根据不同的视角提出，但都探索了建立品牌对消费者行为的影响。自媒体品牌主要关注自媒体品牌资产、自媒体品牌价值与自媒体品牌关系。

对打造农产品自媒体品牌的企业而言，通过人际互动和网络建构来获得信息、影响力等是农产品自媒体品牌的关键构成要素。首先，社会网络带来了信息资源。其次，社会网络对关注者具有影响力。个体影响力是指使其他人按照其意愿行动并使自己免受影响的能力。所构建网络中的信任是这种影响力的来源，而获得对关注者的影响力是自媒体品牌最重要的目标，因为这样的影响力可以获得广告等收益。最后，社会网络能够收获关注者的友谊。虚拟社群网络具有社交价值，即虚拟社区成员之间存在社会支持并会由此产生友情。自媒体品牌与其关注者之间也存在类似的情谊，他们相互支持、相互帮助，形成品牌效应。

2. 自媒体品牌打造

企业在打造农产品自媒体品牌时主要会遇到两个难题，其一是获得信息阅读量（被更多人看到），其二是将阅读量转化为稳定关注与信任（被这些人认可、信任）。如何获得阅读量属于大众信息传播领域，而信任与关注的转化则属于社会互动与社会资本获取范畴。下面归纳了常用的三种方式。

（1）树立农产品品牌知识

产品与品牌个性是打造品牌关系的主要沟通工具。正如一个人与另一个人的结识，必然先对结交之人进行了解，然后做出整体判断，最后才决定与其的社会关系。在沟通过程中，营销者通过各种方式在消费者心中建立品牌知识来形成品牌认知、品牌信任和品牌忠诚，消费者心中的品牌知识也会反向影响其对品牌提供产品价值的评估。品牌知识形成是大众品牌知晓到品牌关系建立的重要转化过程。品牌知识被归纳为知晓（awareness）、特性（attribute）、益处（benefit）、印象（image）、观念（thoughts）、情感（feeling）、态度（attitude）和体验（experience）八个方面。[①] 知晓是指消费者对品牌的种类以及能够满足的需求的定义；特征是指能反映品牌外在产品功能或内在品牌个性的描述或者呈现；印象是固化和抽象的视觉信息；益处则是消费者为产品特征附加的个人感知价值以及特殊意义；观念是指消费者对品牌的观念及其对品牌相关信息的个人认知情感是消费者对品牌相关信息的情绪感受；态度是一种对品牌整体的评判；体验即消费者的购买、消费行为或参与品牌相关的其他活动的经历。品牌知识是个体对品牌各方面内容的心理感受，会受到品牌所有者进行的各种交流活动的影响。

（2）运用口碑传播的 STEPPS 原则

如果消费者不知晓某个品牌，那么与这个产品品牌的关系是无法建立和发展的。品牌表达中，品牌部分被看作一种符号或者记忆唤起线索，其名称、标识等可见内容需要大范围传播，借此在更多人心中形成品牌知识。因此，企业建立农产品自媒体品牌首先需要通过设计、创造和发布有传播效用的信息来让更多的人接触自己，什么样的信息能够为其他用户带来积极的感受是这一行为中需要考虑的核心问题。自媒体传播具有个人化的特征，所以可参考个人口碑传播的研究来探索这一问题。有口碑传播效用的信息主要具有六个特征。

---

① 蒋廉雄. 品牌知识的内容、结构及其模型——关于中国老字号和国际品牌的比较研究 [M]. 广州：中山大学出版社，2008.

第一，该信息具有社交货币性质。社交货币就像衣服和轿车一样，是人们用以评价对方的重要因素，人们所传播的信息中也包含这样的社交货币。个体喜欢在网络社交平台中传播会让自己看起来更加聪明、更加富有的信息。

第二，所传播内容具有情绪唤起特征。心理学中，唤起是指神经系统的激活。人们常常传播具有感染力的信息是因为这些信息能够激发人的即时情绪，而这些有情绪的信息能够激发人们的分享欲望。

第三，所发布的信息具有实用性。只要商家能够向顾客证明自己的产品或思想可以为他们节省时间或钱财，顾客就会主动宣传该产品或者思想，促销信息常常被消费者广为分享就是因为这个原因。对自媒体用户而言也是如此，只要其他用户认为他所发布的信息具有实用性就会帮助转发或推荐给朋友，这也是谈论养生知识的自媒体用户关注者众多的原因。

第四，信息中隐含传播诱因。在信息中放置能引发联想的刺激物线索可以让人们在某种环境下一旦接触到该线索就会迅速联想到商家发布的信息或者产品，这样重复地激活回忆可以提高人们的分享频率。

第五，公共性信息更易被传播。当人们看见他人使用某种产品或者谈论某个流行话题时，个体常常会有跟风行为。例如，某人看见其朋友在朋友圈转发某条新闻时，总是倾向性地点赞或转发。

第六，能够被疯狂传播的信息往往是故事的形式。商家需要将产品和思想注入有趣的故事中，这样人们在聊起这些故事时就能自然而然地传播产品与思想。

（3）增加社会资本的人际互动行为

在信息传播完成广泛知晓的基础上，农产品自媒体品牌关系建立的最终目标是与关注者在社交网站上建立虚拟的关系连带，并借此获得虚拟社会资本。社会资本的获取需要不间断的社交努力，增加社会互动可以增加社会资本。能够增加社会资本的社会互动行为主要包括个体交流、自我展示与认知以及建立交流空间，这三种社会互动行为必然伴随着信息的交换，农产品企业可以通过与消费者产生更多的社会互动来更多地传递信息，并形成与自己相关的积极的品牌知识。

首先，农产品企业可以通过编写所发布的信息更加清晰地进行自我认知，并通过发布信息进行个体展示。与此同时其他用户也可以通过阅读其发布内容更好地认识自我，再通过转发展示自我。这样的展示可以吸引与其类似的用户，进而扩大虚拟社会网络规模。其次，农产品企业与消费者之间的交流可以通过评论、点赞、即时通信等方式完成。对这些交流行为的感受会进一步在消费者心中形成农产品企业的品牌知识。最后，想打造农产品自媒体品牌的企业可以通过建立交流的微信群、QQ群来建立更大范围的交流空间，从而使个体网络交流的公共空间扩展。三种扩大社会资本的方式都会对企业农产品自媒体品牌的建立产生影响。

（三）农产品自媒体品牌打造的实操技巧

1. 精准定位客户和内容

做自媒体首先要了解用户是谁。当自媒体选择了一个用户群体，就会围绕这个用户群体去做很多事情，包括将宣传的渠道、活动以及文章内容结合起来。用户的选择决定了自媒体的价值，选择了某一个群体，可能就决定了这个自媒体的价值。农产品的自媒体可以选择绿色素食饮食、养生食疗或者宝宝饮食等多个主题来定位，不同的定位决定了不同的推送内容。此外，选择用户的时候，要多考虑用户的综合需求。

与此相对应的还有粉丝精度的问题，当今时代的粉丝量在移动端同样成了不少人衡量该微博、微信公众号的主要价值之一，但他们忽略了一个问题，即粉丝精度。所谓粉丝精度，指的是关注某媒体公众号的用户与该公众号的匹配度。这里涉及两个问题，一个是该粉丝对订阅的媒体号的忠诚度，另一个是该订阅号所能影响的有哪些人，而农产品企业应该更加关注推送的健康饮食知识与自身消费者的匹配度。

2. 为农产品企业的自媒体和消费者起个好名字

起个好名字对公众号品牌来说是非常重要的。很多企业在取名字的时候比较随意，但如果取个好名字，且名字直接体现了自己的内容定位，在别人搜索添加时很容易找到，就会有更高的自然增长率，甚至有时候什么都不做就能涨粉。此外，给关注自己的消费者起一个好听的名字，也有助于增加他们的忠诚度和归属感。

3. 打造独特的消费者互动方式

许多自媒体都会鼓励用户提问题，并且每天都回答一些问题，这些其实就是在做互动。互动一方面帮助大家解决了一些问题，另一方面又增加了客户的信任度，这是把自媒体品牌做好的一个很重要的方法。除了日常互动，自媒体还必须有特色功能，让用户养成阅读习惯。如果没有特色，用户就记不住，想要让人记住，就需要让用户养成特定的互动习惯。比如农产品自媒体可以让消费者在线咨询蔬菜的菜谱，同时将售后服务在线化，让信息反馈更快。

第三节　农产品质量安全追溯及监管体系

一、农产品质量安全追溯体系

（一）农产品质量安全追溯相关标准

20世纪90年代，我国的农业和农村经济全面进入了新的发展阶段，主要的农产品供给实现了供求基本平衡。随着人民生活水平的不断提高，人们对于农产品的需求由单纯地追求数量上的满足，发展为追求质量的提升。目前农产品国际贸易步入快速发展时期，市场的竞争也变得日益激烈。产业分工日益精细，与食品相关联的环节越来越多，但根本上来说，农产品始终是保障食品安全的源头和基础。如果农产品质量安全得不到保障，食品的质量安全也不可能从真正意义上得到保障，所以农产品的质量安全已经逐步成为社会各界广泛关注的热点问题。

近年来，频发的农产品质量安全事件不仅暴露出农产品生产经营主体的职业道德问题和流通环节控制的漏洞所导致的农产品质量安全风险隐患，还暴露出农产品质量安全监管部门、相关法律法规和标准的缺失。因此，建立农产品质量安全可追溯体系，健全农产品质量安全信息的管理，已经成为迫在眉睫的任务。为了确保加快落实农产品的"身份证"制度，保证农产品的质量安全，政府各级部门积极应对，出台了一系列整治措施，全面打响了史上最为严厉的"餐桌保卫战"。

建立农产品质量安全追溯体系，完善农产品质量安全信息的管理，可以有效地控制产品质量安全，降低质量安全风险，为自身和社会创造更大的经济效益。同时能够为相关管理部门提供有效的监控手段，宏观掌握有机农产品的质量安全状况，从而为有关部门制定决策提供科学的依据。通过农产品信息的共享，可以强化农产品质量安全管理的手段和市场秩序，提高行业宏观调控和监督力度，增强农产品消费信息的透明度，增强消费者质量安全意识和认知度。

（二）农产品质量分级标准

农产品质量分级标准作为提高和稳定农产品质量、实现农产品优质优价、促进农产品国际贸易、满足消费者不同产品需要的技术基础，是根据农产品的质量要求和特征，将有相同用途及消费人群，但质量不同的农产品进行分级的规范性技术文件。

国外的农产品质量要求以技术法规或者强制性标准的形式单独发布和执行，所有进入市场的农产品必须满足这些产品质量标准的要求，从而稳定和提高农产品质量。在此基础上，再制定推荐性的农产品分级标准，对那些满足进入市场最低质量要求的农产品进一步分等定级，以促进农产品的大规模交易，降低交易成本。因此，要既制定强制性的理化指标要求及产品最低质量要求的农产品质量标准，又制定推荐性的外观感官指标的等级要求的农产品质量分级标准。这两类标准互相配合，形成一个完整合理的体系。

单从数量上来看，我国制定的标准并不少，且这些标准适用于农产品流通的全过程。但是这些标准所涵盖的农产品种类与我国的农产品种类相比，仍有不足。我国农产品质量分级标准的目的是在农产品的市场中的生产、流通和消费各个环节进行农产品质量安全控制。分级标准在生产环节具有引导和规范农产品生产，提高农产品质量的作用；在消费环节具有农产品质量监督、清除劣质农产品和保护消费者利益的作用；在流通环节具有农产品质量监督、清除劣质农产品和保护消费者利益的作用，还具有规范市场秩序、实现农产品优质优价以及降低交易成本的作用。但是对于不同的产品，我国的农产品质量分级标准在满足以上分级目的的过程中是有所侧重的。对于可以由生产者和企业直接供应市场、面向消费者的农产品，如水果和蔬菜等，制定分级标准的目的是引导和规范农产品生产，提高农产品质量；对于经过加工或通过流通企业才能供应市场的农产品，如棉、麻、蚕茧和烟草等，制定分级标准的目的是规范市场秩序，实现我国农产品优质优价，降低交易成本；对于通过由政府参与定价或政策保护的农产品，如粮食等，制定分级标准的目的是稳定产品质量，清除劣质农产品。

（三）基于二维码的农产品编码标准和基于射频识别（RFID）的农产品质量安全追溯应用标准

计算机和计算机技术在世界各国的农业中被广泛应用。随着农产品安全成为全球备受瞩目的问题，人们利用计算机技术结合数据库管理技术对农产品安全问题中的相关信息进行存储和管理，这些技术的应用使得解决农产品安全问题的效率和准确性有了很大的提高。

利用二维码/RFID 的优势特性达到对食品的安全与追溯的管理，具有六个的特点：①比起记录档案追溯方式，具有高效、实时、便捷的优点；②在食品供应链中提供完全透明的管理能力，保障食品安全全程可视化控制、监控与追溯，并可以对问题食品召回；③可以全面监控种植养殖源头污染、生产加工过程的添加剂以及有害物质、流通环节中的安全隐患；④可以对有可能出现的食品安全隐患进行有效评估和科学预警提供依据；⑤数据能够通过网络实现实时、准确报送，便于快速高效地做出更深层次的分析研究；⑥通过网络，消费者可以查询所购买食品的完整追踪信息。

1. 基于二维码的农产品编码标准

现有很多研究以各企业生产数据为基础，以条形码为载体，利用数据库技术、网络技术、预警技术和条形码技术构建统一的追溯平台，实现对企业的安全生产管理，并为消费者提供追溯服务。二维码是指在一维条形码的基础上扩展出另一维具有可读性的条形码，使用黑白矩形图案标识二进制数据，被设备扫描后，可获取其中包含的信息。

已经通过审定的《食品追溯信息编码与标识规范》规定了食品追溯的信息编码、数据结构和载体标识，适用于食品追溯体系的建立和应用。随着二维码技术在追溯领域的应用越来越多，结合二维码自身的特点，应该制定相应的编码与标识规范，有助于二维码技术在农产品追溯领域规范化的应用。

2. 基于 RFID 的农产品质量安全追溯应用标准

RFID 技术是一种通信技术，可通过无线电信号识别特定目标与相关数据，而无须在识别系统与特定目标之间进行机械或光学接触。该技术具有能够在恶劣的环境中使用，耐污损，能够重复循环使用，内容可更新，能够批量读取多个标签，信息量大等优点。RFID 技术与计算机技术、通信技术、光电技术和信息技术相结合，其迅速、准确地获取、传输和反馈信息的特点在食品质量安全管理中显示出独特的作用。RFID 技术是食品链物流与信息流之间联系的纽带，其现场控制和后台控制技术可以极大提高追溯系统的可靠性，因此 RFID 技术在肉类的追溯过程中得到了很好的应用。基于 RFID 技术，对农产品生产包装环节、仓储环节、物流环节等制定互联网应用标准、操作规范和监管机制，可以提升产品信息查询与质量追溯整体技术水平，在农产品管理领域具有广泛的应用前景。

二、农产品质量安全市场监管

（一）农产品质量安全市场监管概论

农产品质量安全的市场监管，是保证消费者权益和身体健康的重要环节，加强监管有助于农产品市场有序健康地发展。近年来，我国在农产品质量安全市场监管体系方面的不断完善，加上互联网技术的广泛应用，使监管效率得到了提高。农产品质量安全监管信息化水平的提高，有力地推动了农产品质量安全监测、农业投入品监管和农产品质量安全的专项整治等各项工作，促进了农产品质量安全水平的稳步提高。

对农产品质量安全市场的监管，有政府、农产品相关企业、消费者维权组织以及普通消费者四个利益主体。从各个利益主体的监管力来看，政府对农产品质量安全的监管是最为直接和有力的，可以极大程度地影响农产品质量安全的状况。

我国的农产品质量安全管理涉及多个部门。从具体环节的管理看，产地环境管理涉及环保、农业、质检等部门；农业投入品管理涉及发改委、工商、农业、质检等部门；农产品加工质量管理涉及轻工、卫生、质检、农业等部门；市场流通管理涉及商务、工商、农业、卫生、质检、食药等部门；质量安全标准管理涉及农业、质检、标准委、卫生、环保等部门；认证认可管理涉及质检、农业、认监委等部门；检验检测管理涉及农业、卫生、质检、商务、工商等部门；产品质量信息管理涉及质检、农业、工商、卫生、食药等部门。

（二）农产品质量安全监测

1. 农产品质量安全监测的重要性

在实施"从农田到餐桌"的农产品安全全程监管体系中，第一个环节就是对种植养殖环节的监测，只有做好了第一步，才可以从源头保证农产品的质量安全。

农产品质量安全的监测是保障农业产业安全、农产品质量安全以及政府履行公共管理职能的重要组成部分，也是实现农产品从产地环境、投入品、安全生产规程到市场准入等"从农田到餐桌"的全程管理的重要保障，是有效杜绝有害有毒物质残留超标农产品进入市场，防止发生农产品中毒事件，提高我国农产品市场竞争力以及农业标准化水平的有效途径和重要抓手。

2. 移动互联网技术在农产品质量安全监测中的应用

对农业生产环境进行监控，可以为农产品提供适宜的环境基础，运用互联网技术收集环境信息，在有不良环境因素出现时发出预警，及时进行相应的调整，可以避免由于环境因素而导致的农产品质量安全问题，有利于农产品生产的顺利进行。环境检测指标一般是针对土壤、大气以及水源的监测，土壤中影响农产品质量安全的主要因素是施用的农药和化肥造成的重金属污染，而对于空气温湿度的监测，可以保证农产品的有利生长条件，改善农产品的品质。

随着农业信息化的发展，对生产环境的监控已经可以采用数字化的设备来实现，既节省了人力，又提高了效率。随着各级政府部门对农产品质量安全问题的行政监督管理的开展，行政执法、质量安全监测依赖于传统技术（专业监测设备），同时迫切需要信息化平台的支持，从而实现"生产—市场—消费"一站式的现代数字化监控。

（三）农产品品质认证

质量认证又称合格认证。当需方或买方对供方或卖方提供的产品或服务无法判断其质量是否合格时，应由第三方来判断。第三方既要对第一方负责，又要对第二方负责，做到公开、公正、公平，出具的证明要获得双方的信任。因此，第三方一般都由政府部门直接担任，或者由其认可的部门或组织担任，这些部门或组织就是所谓的认证机构。通过了质量认证，将会得到认证证书和认证标识。

我国公众食物结构中90%是食用农产品，农产品的品种多、生产周期和环节较长，农产品质量安全方面存在的风险隐患和危害因子也较多。目前已知的主要风险因子有六大类：蔬菜水果农药残留、畜禽产品兽药残留、食用农产品重金属、粮油产品生物毒素、鲜活农产品产地贮存防腐保鲜以及易污染农产品包装材料。针对这些已知的风险因子的危害程度和消除办法并没有彻底明确，与此同时，还有许多未知的风险隐患仍处于不清楚、不受控的状态，因此需要品质认证保障质量。

我国的农产品认证始于20世纪90年代初农业农村部实施的绿色食品认证。绿色食品是指遵循可持续发展原则，按照特定生产方式生产并经专门机构认定，许可使用绿色食品标识商标的无污染的安全、优质、营养类食品。无公害农产品是指产地环境、生产过程、产品质量均符合国家有关标准和规范的要求，经认证合格获得认证证书并允许使用无公害农产品标识的未经加工或初加工的食用农产品。20 世纪 90 年代后期，国内一些机构引入国外有机食品标准，实施了有机食品认证。有机食品认证是农产品质量安全认证的组成部分之一，它是指来自有机生产体系，根据有机产品生产要求和相应的标准生产加工，并通过合法的有机产品认证机构认证的产品。无公害农产品、绿色食品、有机农产品和农产品地理标识统称为"三品一标"。

"三品一标"是政府主导的安全优质农产品公共品牌。经过多年发展，"三品一标"工作取得了明显效果，在提升农产品质量安全水平，促进农业提质增效和农民增收等方面发挥了重要作用。

（四）农产品质量安全市场监管

农产品市场监管是保证农产品质量安全的重要组成要素。近年来，频频被媒体曝光的农产品质量安全事件，不仅严重影响消费者的身体健康，还大大影响消费者对我国农产品市场的信赖度。出现这些问题的主要原因，除了农产品经营者自身的道德风险之外，也反映出我国农产品市场的监管漏洞，警醒政府有关部门必须加强对市场的监管以保证消费者的切身利益。

农产品市场中存在市场失灵的现象，即市场在解决公共物品、外部性以及信息不对称方面出现的失灵。由于农产品的质量安全具有效用的不可分割性、消费的非竞争性和收益的非排他性，因此农产品的质量安全具备公共物品的性质，就农产品质量来说，市场参与者所需要的信息本身就是公共物品。对于农产品市场的监督和管理、农业科学研究、农业新技术的推广和示范、农业教育等也是公共物品。在市场交易中，生产者和消费者对食品品质信息的掌握量是不相同的，产生外部性的一方与受到外部性影响的一方对外部性信息的掌握程度也是有差异的，所以农产品质量安全问题中存在着信息不充分的问题。就农产品质量安全监管而言，加强农产品的质量安全市场监管，提高农产品质量的安全水平，不仅可以让购买农产品的消费者直接受益，而且能带来普遍的社会效益。总体而言，我国农产品质量安全监管所表现出来的是正的外部性，但是由于市场失灵的状况存在，政府部门必须对农产品的质量进行强制性的监管。政府在监管过程中，要对政府的功能进行适当的定位，明确农产品质量安全监管部门的职责分工，处理好政府、企业与农村中介组织间的关系。同时，处理好管理成本与管理效益之间的关系。

三、农产品质量安全追溯平台

（一）可追溯系统的发展

1. 可追溯系统的定义

国际标准化组织（ISO）在 9000：2000 标准中将可追溯性定义为追溯所考虑对象的历史、应用情况或所处场所的能力，即通过各种记录和标识追溯产品的生产历史、应用现状和放置场所的能力。[①]

欧盟委员会将可追溯性定义为食品、饲料、畜产品和饲料原料，在生产、加工、流通的所有阶段具有跟踪追寻其痕迹的能力。该定义对供应链中各个阶段的主体做了规定，以保证可以确认以上各种原料的来源与方向。[②]

国际食品法典委员会（CAC）将可追溯性定义为通过登记的识别码，对商品或行为的使用历史或位置予以追踪的能力。这个定义包含整个食物生产链的全过程，从原材料的产地信息到产品的加工过程再到终端用户的各个环节，为消费者提供准确而详细的产品信息。[③]

可追溯系统就是在产品供应的整个过程中对产品的各种相关信息进行记录存储的质量保障系统。可追溯性要求的目的，是在发现问题之后，可以将同一批产品追回，以便采取补救和纠正措施，防止不合格品产生更大的问题。因此，可追溯性要求组织应在适当的时候，用适宜的方法对产品实现的全过程进行识别，并根据监视和检测要识别产品的要

[①]　高万林. 新农村信息化建设探索［M］. 北京：中国农业大学出版社，2011.

[②]　许志端. 重要产品供应链追溯系统与实践案例［M］. 厦门：厦门大学出版社，2021.

[③]　卢建军，卫晨，金蓉，等. 物联网概论［M］. 北京：中国铁道出版社，2012.

求识别产品的状态，在有可追溯性要求的场合，控制并记录产品的唯一性标识。

对于可追溯体系的意义，主要可以归结为三个方面：一是可以消除信息的不对称，维护消费者对农产品安全信息的知情权；二是明确各个主体的行为和责任，加强对农产品质量安全的过程监控；三是促进风险管理，提升应对农产品安全突发事件的处理能力，降低事后的处理成本。

可追溯系统最早应用于汽车、飞机等一些工业品的召回制度中。20世纪70年代以来，食品安全问题日益突出，引起了人们的广泛关注，因此农产品质量安全成为追溯系统的重要应用领域之一。

2. 可追溯系统管理的主体

可追溯系统管理的主体主要由三方构成，即政府、生产者和消费者。其中，政府和生产者为农产品质量安全追溯管理系统建设的承担主体，消费者为追溯管理系统的支付者和评价者。

政府在可追溯系统管理中充当管理者的角色，需要对市场进行干预和管制。可追溯系统建立的一个重要意义就在于从某种程度上解决市场失灵的问题。消费者通过可追溯信息平台，能够获取之前无法了解的关于产品安全属性等方面的相关信息。政府通过建立可追溯系统，给消费者和生产者营造一个公平的市场环境。

对生产者而言，实施可追溯系统的动机和意愿主要是能够优化供应链管理，减少产品交易和管理成本，并且能够通过寻求产品的差异化来提高产品竞争力，同时可以有效降低由于食品质量安全事件造成损失的风险。

作为消费者，可追溯系统能够带来的效益主要体现为产品价格的提升和销售收益的增加，实施可追溯体系的成本最终需要由消费者来支付，因此可追溯体系的效果很大程度上受到消费者对可追溯产品的支付意愿的影响。

3. 农产品可追溯平台建设需要关注的方面

（1）平台架构的整体性和统一性

当前的追溯试点已经取得了一些成效，但是基本处于相互独立的局面，因此需要科学设计国家平台，以及完整的追溯管理流程和完善的业务功能应用系统。应整合现有的追溯试点资源，建立国家农产品的质量安全追溯管理整体平台，并按照统一编码规则、统一采集指标、统一传输格式、统一接口规范、统一工作流程的思路，标准有序地开展追溯管理。

（2）追溯管理的连续性和全程性

可追溯平台的实质就是农产品各个阶段的信息流要连续且有保障，通过信息技术将农产品实物流和信息流相结合，才能使质量安全管理贯穿整个产品的供应链，实现整个过程中对不同环节责任主体的追溯。

（3）数据的采集传输要简易和扁平化

因为农产品的供应链长，而且中间环节很多，为了确保平台能够在全国范围内持续运行，数据的采集内容必须是关键的信息。数据的采集必须方便采集，容易录入，而且成本要低。

（4）技术应用要保证先进性和成熟性

平台信息技术的发展十分迅速，因此在平台建设时应具有前瞻性，积极采用先进的技术，以确保平台能够长时间稳定地运行。同时要考虑技术的成熟性，将信息技术可能带来的风险降至最低，保障平台运行的安全可靠。

（二）农产品全产业链可追溯的重要性

农产品可追溯系统是控制农产品质量安全的有效手段。ISO 9000认证、GMP（良好操作规范）、SSOP（卫生标准操作程序）、HACCP（危害分析和关键点分析系统）等多种有效控制食品安全的管理办法纷纷被引入并在实践中得到了运用，取得了一定的效果。但是上述的管理办法主要是针对加工环节进行控制和监管，缺少能够将整个供应链连接起来的手段。可追溯系统强调产品的唯一标识和全过程追踪，对于可追溯系统的产品，在其各个生产环节都可以实行 HACCP、GMP 或 ISO 9001 等质量控制方法来实现对整个供应链上各个环节的产品信息的跟踪和追溯。

实施农产品可追溯已经成为农产品国际贸易发展的趋势之一。国际上许多发达国家和地区对出口到当地的食品均有可追溯性的严格要求。我国建立农产品可追溯体系不仅能为人民群众提供优质安全的农产品，而且能打破国外因食品安全追溯而设置的贸易壁垒，对提高我国农产品在国际市场上的竞争力起到十分重要的作用。

（三）移动互联网技术在农产品全产业链追溯中的应用

当前对农产品质量安全追溯体系的研究已经取得了很多的成果，让人们可以在生活中切实体会到可追溯系统发展带来的方便，二维码技术与 RFID 技术在可追溯系统中的应用使消费者在超市只要对着农超对接的农产品上的二维码标识扫一下或者通过电子标签识别，就可以获取相应产品的基本信息，包括产地、包装日期、等级等信息，以及生产者的相关证明信息。一方面，可以在发现农产品质量安全问题时迅速锁定源头，界定主体责任，督促生产者增强自律，落实质量控制措施。另一方面，可以让消费者更直观地了解农产品的生产加工情况，提升整个过程的透明度，推动产品信息的公开。追溯体系对消费者和生产者都是有利的。消费者从二维码等电子信标上能够获取农产品的基本信息，通过这些信息判断农产品是否安全，生产者则可以通过追溯体系来确保自己的产品免受不合格的劣质产品的影响。

中国物品编码中心自 2000 年起，在果蔬、肉类、水产品、加工食品等领域开展了大量追溯调研，建立了 100 多个产品质量安全追溯应用示范，涵盖肉禽、蔬菜水果、加工食品、水产品、医疗产品及地方特色食品等，取得了良好的社会效益和经济效益。无论是国内还是国外的消费者买到贴有追溯码的产品之后，都可以通过电脑、手机、查询机进行查询，从而快捷地获取产品本身以及原材料、加工过程等相关信息，不仅吃得放心和安心，更能从中感受到企业对其产品质量的绝对信心，从而大幅提升消费者的品牌忠诚度。

1. 基于二维码农产品质量安全追溯平台

在我国，智能手机已经得到了广泛的运用，覆盖了绝大部分人群，成为人们日常生活中不可或缺的产品。在我国农村，手机用户也呈现出逐年上升的趋势，使越来越多的农村人口通过手机与外界进行信息交互成为可能。智能手机所具有的扫描二维码获取并存储数据的能力，使得基于二维码农产品的质量安全追溯系统在市场上广泛应用成为可能。同时，随着农副产品质量安全追溯体系的逐步完善，目前也有很多商铺和超市推出了利用二维码来向消费者传达农产品追溯信息的终端系统。消费者通过手机扫描二维码就能够获取相关的追溯信息，使得消费者能够吃到安全放心的农产品。

二维码具有的数据存储能力和它方便快捷的使用方式，使得基于二维码农产品质量安全追溯平台成为必然的发展趋势。

2. 基于 RFID 的农产品质量安全追溯平台

食品的供应链主要分为三个部分，即种植和养殖、加工、仓储与物流运输，但其中包含许许多多的中间环节。因此，如何更好地控制食品加工中的各个环节，在提高效率的同时保证食品质量安全问题不出差错，成为政府、食品厂商和消费者多方共同关注和急于完成的首要目标。

RFID 技术凭借其无线传输特性与物品标识的唯一性和安全性，在标签上能够覆盖食品供应链全过程的所有信息数据，完成 100% 追溯食品来源的解决方案，可以回答消费者关于"食品从哪里来""中间处理环节是否完善"等问题，并给出详细可靠的答案。

RFID 解决方案对每一件产品提供高效、详尽的控制，在"从农场到餐桌"的整个食品供应链中，创建一系列可靠的食品信息。因此，RFID 技术的应用可以完成两大食品质量安全管理的目标，即食品质量安全的源头追溯和食品供应链的透明化管理。

第五章

乡村振兴背景下农村电商的可持续发展

第一节 乡村振兴与农村电商的融合交汇

一、农村电商为实施乡村振兴战略提供新动力

乡村振兴战略坚持农业农村优先发展，按照产业兴旺、生态宜居、乡风文明、治理有效、生活富裕的总要求，建立健全城乡融合发展体制机制和政策体系，统筹推进农村经济建设、政治建设、文化建设、社会建设、生态文明建设和党的建设，加快推进乡村治理体系和治理能力现代化，推进农业农村现代化，走中国特色社会主义乡村振兴道路，让农业成为有奔头的产业，让农民成为有吸引力的职业，让农村成为安居乐业的美丽家园。农村电子商务作为电子商务在农村的延伸，有助于商品信息的快速传播，还能够为改变城乡二元经济结构、打破地域经济发展不平衡的局面、提高农产品市场竞争力、促进乡村发展创造有利的条件。我国作为农业大国，解决"三农"问题、实现乡村振兴一直是国家发展战略中的重要内容之一，而农村电子商务作为促进乡村发展的一种新的经济模式，将成为乡村振兴战略实施的新动力。

（一）农村电商助推乡村产业的优化

1. 农村电商助推乡村农业的发展

（1）有助于打通农产品的流通渠道，提高农业的经济效益

目前我国农产品的流通渠道仍旧不太健全，很多乡村地区存在着渠

道少、中间环节多、供需链严重割裂、交易成本高等问题，导致农业的经济效益达不到理想的状态。而通过电子商务平台，可以解决一些传统农业产业中存在的"顽疾"，从而提高农业的经济效益，促进农民收入提高。例如，通过电子商务平台，可以实现农业生产资料的信息化，交易的双方能够随时了解市场的需求情况，从而将断裂的供需链重新建立起来。与此同时，电子商务平台的出现也拓宽了农产品的销售渠道，使农产品的售卖不必完全依赖农贸市场，而可以借助电子商务平台实现全天 24 小时、跨地区的产品销售，从而提高农产品的销售量。

（2）有助于县域电商园区建设，赋能农业数字化

随着我国各地基础信息设施建设工作的不断推进，很多地区建成了县、镇、村三级电商信息服务站，这些服务站能够拓展农村数字信息服务业务，推动县域电子商务向数字化、智能化转型，同时为县域电子商务产业园区的建设奠定基础。县域电子商务产业园区在农业产业中的作用有建设区域内特色农业产业品牌、品质、品种数据库；对接国内各大农业科研院所的数字种植业、数字畜牧业、数字渔业、数字农产品加工业资源，助力当地农业科学技术推广服务体系数字化转型；对接国内物联网企业，大力推广物联网技术在种植、畜牧和渔业生产中的应用；对接国家农产品质量安全溯源管理平台，推动新一代信息技术与特色农业、地理标志深度融合等。农业数字化是农业现代化建设的一个目标，虽然目前还处在发展阶段，但随着农村电商的发展，农村电商将与数字农业交融，从而为农业产业发展的数字化增添助力。

2. 农村电商助推乡村产业的融合

所谓产业融合，是指在时间上先后产生、结构上处于不同层次的农业、工业、服务业、信息业、知识业在同一个产业、产业链、产业网中相互渗透、相互包含、融合发展的产业形态与经济增长方式，用无形渗透有形、高端统御低端、先进提升落后、纵向带动横向，使低端产业成为高端产业的组成部分，实现产业升级的知识运营增长方式，发展模式与企业经营模式。乡村产业融合是由产业融合的概念衍生而来，通常指

以农村的经济发展为目的，以第一产业为基础产生延伸链条，连接第二产业与第三产业，从而打通乡村第一、第二、第三产业的界限的一种发展思路和方式。乡村产业的融合能够促进乡村传统产业的创新，推进乡村产业发展与结构的优化，同时推动区域经济一体化发展，这对于乡村发展具有非常积极的意义。

在电子商务出现以前，乡村第一、第二、第三产业虽然也有融合的部分，但由于各产业之间存在明显的界限，产业融合仅停留在一个较为浅显的层面。而电子商务的出现有效打破了各产业之间的界限，使乡村产业之间的融合得以进一步深化。其实，就电商发展本身来看，虽然农村电商是借助互联网逐渐发展起来的，但归根结底，其基础是实体经济，所以要想实现农村电商的可持续发展，就需要将农村电商与乡村的传统产业进行有效融合，同时推动乡村传统产业之间的融合，实现产融协调进步。

（二）农村电商助推乡村网络生态的形成

1. 农村电商助推乡村组织的发展

目前，乡村发展存在的一个关键问题就是乡村人口结构的失衡，乡村中很多富有新知识、新思想、新技能的青年人都迁移到了城市中发展，这就导致乡村组织的发展面临着"后继无人"的尴尬境地。为了应对这一问题，各地推出了多种引导青年人返乡的政策，包括大学生村官政策，这些政策在一定程度上缓解了乡村人口结构失衡的问题，也缓解了乡村组织用人的难题。在这种背景下，农村电商的发展无疑能够吸引更多富有新知识、新思想、新技能的青年人返乡、下乡，这些来到乡村的"新的活力""新的血液"为乡村组织的发展提供了充足的人才支撑。

2. 农村电商助推乡村生态环境的改善

实现乡村的生态振兴是乡村振兴的具体目标之一。从表面上看，农村电商与乡村生态环境之间没有直接的关联，但如果对电商和农村产业的关系进行深入的剖析，不难发现农村电商在助推乡村生态环境改善上的作用。首先，农村电商在农业中的应用打破了传统农业销售的方式，建立了城市消费者与乡村生产者之间的联系与信任，这促使了农业生产方式的转变，即由于城市消费者追求农产品的安全、绿色、健康，所以农业生产要减少甚至杜绝农药和化肥的使用，从而实现对原有产业环境友好型的改造。其次，农村电商的发展进一步带动了乡村旅游的发展，而乡村旅游的发展进一步促进了乡村生态环境的改变。城市居民对于乡村生活和环境的向往来自乡村美好的生态环境，在这种要求下，要想吸引更多城市居民到乡村旅游，要想实现乡村旅游的可持续发展，就必须在生态环境上做出努力，保护和改善生态环境，打造乡村旅游品牌。当然，农村电商在助推乡村生态环境改善的同时带来了一些潜在的问题，如物流快递会使用大量的包装与捆扎材料，游客会产生一些生活垃圾，但这些问题都是可以控制的，采用物流包装新技术，加大宣传和约束便可以将影响降到最低。

3. 农村电商助推乡风文明的振兴

乡风文明同样是乡村振兴的目标之一，旨在促进乡风文明的传承和创新。在社会不断发展的过程中，如何传承乡风文明成了一个备受人们关注的问题。乡风文明有精华，也有糟粕，这些精华的内容需要我们传承，但传承并不代表着一成不变，还需要将其与社会和时代相结合，这样才能焕发其活力，促使乡风文明在传承的过程中不断创新和发展。农村电商对乡风文明的助推作用不仅体现在促进其传承上，还体现在促进其创新和发展上。首先，在促进乡风文明传承的层面，乡村电商作为一个开放的平台，就像是人们了解乡风文明的窗口，人们在购买农产品的过程中，也了解了当地的乡风文明。另外，乡村旅游电商的发展在一定程度上依托于当地的乡风文明，而借助电商平台对乡村旅游的宣传以及游客的来访，也能够促进当地乡风文明的传播，进而提高人们对当地乡村文明的关注度。其次，从乡风文明创新发展的层面来看，当地的乡风文明逐渐获得一些关注度后，一些人便会开始围绕乡风文明的元素进行具有创新性的设计，这些创新性的设计如果能够获得人们的喜爱，不仅能够带动经济效应，还能够促进乡风文明进一步传播和发展，这对于乡风文明振兴而言具有非常积极的意义。

总之，乡村网络生态的形成涉及乡村发展的方方面面，既需要乡村组织的支持，也需要良好的乡村环境和乡风文明来体现和维持。就上述几点条件而言，农村电商的发展虽然不能产生直接效用，但却能够间接产生一定的效用，从而助推乡村网络生态的形成。

二、乡村振兴战略为农村电商发展提供新机遇

（一）乡村振兴战略为农村电商发展提供政策支持

农村电子商务是转变农业发展方式的重要手段。要通过大众创业、万众创新，发挥市场机制作用，加快农村电子商务发展，把实体店与电商有机结合，使实体经济与互联网产生叠加效应，从而推动农业升级、农村发展、农民增收。这与乡村振兴战略中的一些目标相契合，所以为了进一步发挥电子商务在促进乡村发展方面的作用，在乡村振兴战略实施的背景下，一系列的政策先后出台，为农村电商的发展提供了良好的政策支持。

（二）乡村振兴战略为农村电商发展提供环境支持

农村电子商务的发展有两个重要的基础：一是网络基础，二是物流基础，任何一个基础存在欠缺都会影响农村电子商务的发展。乡村振兴战略作为指导乡村发展的重大战略，其为农村电子商务发展提供的环境支持主要体现在乡村网络基础设施建设和乡村物流体系建设两个方面。

1. 乡村振兴战略促进乡村网络基础设施建设

农业现代化是相对于传统农业而言的，指以现代科学理念为基础，以现代科学技术和现代工业为手段，以现代经济科学为管理方式，创造一个高产、优质、低耗的农业生产体系和一个合理利用资源、保护环境、具有较高转化效率的农业生态系统。虽然农业是农村经济的基础，在农村产业中占有非常重要的地位，但农业农村现代化并非单纯指农业现代化，而是指农村社会经济生活的全面进步和现代化，包括农民、农

业、经济、社会制度等方面的现代化。无论是狭义的农业现代化，还是广义的农业现代化，都需要现代科学技术的支撑，尤其在信息技术不断发展的今天，农业现代化的发展离不开网络的支撑。因此，从乡村振兴战略实施的中期目标来看，加快乡村网络基础设施的建设是乡村振兴战略实施规划中不可或缺的一个组成部分。

目前来看，在相关政策的引导下，我国乡村网络基础设施建设的态势良好，乡村网络信息发展速度逐渐提高。以往由于我国各个地区乡村发展基础存在一定的差距，乡村网络的基础设施建设也呈现出比较明显的区域化特征。而近些年来，随着我国乡村网络基础设施建设的不断完善，这种区域差异逐渐减小。

当然，从我国乡村网络信息基础建设的整体情况来看，虽然多数地区打通了通信的"最后一公里"，但有些乡村的网络信息基础设施建设水平有待进一步提高。例如，有些乡村的网络信息服务站存在设施落后或不健全的情况，并且存在人员配备不足的情况，这些都在一定程度上影响了乡村网络信息基础设施建设的水平，从而影响乡村电子商务的进一步发展。但随着乡村振兴战略的不断推进，以及乡村基础设施建设工作的不断深入，我国乡村网络信息基础设施建设的水平不断提升，并为乡村电子商务的发展，乃至农业农村现代化的发展提供完善的网络信息支撑。

2. 乡村振兴战略促进乡村物流体系的建设

作为连接乡村和外界的一个"通道"，乡村物流体系的建设具有非常重要的意义。从农村发展的层面来说，乡村物流体系的建设有助于促进城乡的融合发展，这是乡村振兴战略的一个重要目标。而要实现城乡之间的融合发展，就要求城乡要素之间能够实现有效的双向流动，物流无疑是支撑城乡之间双向流动的重要桥梁。从农村电子商务发展的角度来看，物流是解决商品流通的关键，只有完善的物流体系，才能将不同产业链环节紧密结合，使商品的流通一路绿灯，从而最大限度节约成本，增加利润产出，进而在利润的驱动下促进农村电子商务的进一步发展。

物流体系之所以称为体系，是因为该体系中包含多个元素，如仓储、运输、包装、装卸、配送、物流信息等，这些物流的子系统共同构成了物流这个大体系。任何一个子系统出现问题都会影响整个体系的运转效率，所以乡村物流体系的建设是一个系统的工程。但相对而言，在物流体系的各个子系统中，运输是最为基础的一个，也是最为关键的一个，如果没有运输，仓储便没了意义，也没有了后续的装卸、配送等内容。而商品运输依靠的是完善的道路系统。俗话说"要想富，先修路"，话语虽然质朴，但指出了道路建设的重要性。其实，从国家重视道路系统建设开始，我国道路系统的建设就一直在稳步进行，包括乡村道路系统的建设。

对于农产品来说，因为很多农产品需要保鲜、保质，所以除了道路系统的建设，冷链物流的建设也不可或缺。冷链物流是以冷冻工艺学为基础、以制冷技术为手段的低温物流过程，旨在减少食品损耗，保证食品质量。[①] 农村电子商务平台中贸易的商品很多都是农产品，与其他商品不同，很多农产品易腐烂、变质，一旦出现这种情况，不仅会造成经济上的损失，还会造成信用上的损害，从而影响农村电子商务的发展。基于农产品的这一特质，必须建立冷链物流，才能确保农产品保质、保鲜地运送到消费者手中。

三、农村电商与乡村振兴战略的促进融合之道

乡村振兴战略是一个系统性、综合性、全局性的发展战略，对农村的发展具有重大意义。作为一个系统性、综合性、全局性的发展战略，实施乡村振兴战略不仅是推动农业农村发展繁荣的重大决策，还是推动新型城镇化大发展的重要内容，而且与深入推进市场经济持续健康发展和把我国建设成为富强民主文明和谐美丽的社会主义现代化强国有重要

---

① 垄光富，李家映. 智慧物流：数字经济驱动行业转型升级［M］. 北京：中国友谊出版公司，2022.

关联，充分体现了党中央、国务院对"三农"工作的高度重视。

无论是从乡村振兴战略的短期目标去看，还是从其长期目标去看，农村电子商务的发展都能够推动目标的实现。农村电子商务的出现改变了农村原有的商业运营模式，推动了农村产业的变革与升级，促进了乡村经济的进一步发展。随着互联网的全面覆盖，我国农村电子商务蓬勃发展，一方面将大量的工业品、消费品输送到乡村，对促进农村消费、活跃农村流通起到了积极的作用；另一方面，电子商务拓宽了农产品销售的渠道，同时带动了乡村旅游、乡村教育和金融服务等方面的发展，促进了农民收入的提升。近些年来，越来越多的乡村依托电子商务改变了贫困的面貌，实现了经济的发展。从这一层面来看，农村电子商务与乡村振兴战略具有目标上的一致性，即促进乡村的发展，推动农业强、农村美、农民富的全面实现。

各级政府之所以如此重视农村电子商务的发展，归根结底就是因为电子商务在促进农村发展方面能够发挥重要的作用，这些作用的发挥将助推乡村振兴战略的实施，所以乡村振兴战略对农村电子商务的支持也就是对自身战略的支持，两者之间是一种相互促进、相互融合的关系，而不是各自孤立的。并且这种相互促进、相互融合的关系可以产生 $1+1>2$ 的效果，进而助推乡村的发展，助推富强、民主、文明、和谐、美丽的社会主义现代化强国的建成。

第二节　乡村振兴背景下的农村电商可持续发展路径

一、农村电商可持续发展政策支持体系建设与完善

（一）农村电商可持续发展政策支持体系建设

通过分析农村电商可持续发展涉及的内容可知，农村电商可持续发

展政策支持体系的建设大致可分为四个方面：农村电商基础设施建设的支持政策、农村电商服务中心建设的支持政策、农村电商物流体系建设的支持政策、农村电商法律法规支持政策。下面针对这四个方面依次论述。

1. 农村电商基础设施建设的支持政策

（1）农村电商基础设施建设的支持政策构建的目标

基础设施是农村电商可持续发展的基础，如果没有结构相对完整的基础设施支撑，农村电商的发展就会受到极大限制，因此有关政策的支持首先要指向农村基础设施建设。具体来说，农村电商基础设施建设支持政策构建的目标主要表现在以下三个方面：

①构建一个结构相对完整、功能相对齐全的农村电商基础设施体系。

②不断缩小城乡间的数字鸿沟，为城乡的融合发展奠定基础。

③不断完善乡村的数字化建设，推进农业农村现代化的进程。

（2）农村电商基础设施建设的支持政策构建的内容

农村电商基础设施建设支持政策构建的内容主要包含以下三点：

①制定乡村道路系统建设的有关指导性政策

道路系统是连接城乡、连接各个乡村的基础，要建设县道通村、村道通户的道路系统，实现"城—县—村—户"的一站式通道，为农村电商物流系统的发展奠定基础。

②制定乡村网络基础设施建设的支持政策

目前我国乡村网络设施建设的态势良好，而相关支持政策的制定主要是在此基础上进行进一步的完善，如宽带网络提速降费、WiFi覆盖、4G与5G技术应用、消除信号覆盖阴影区、加密基站等。

③制定农村电商示范点、示范村的支持政策

随着农村电商的发展，越来越多的乡村开始尝试电子商务的模式，农村电商迎来了"井喷时代"。但从当前农村电商发展的现状来看，农村电商的发展有一种野蛮生长的态势，这显然不利于农村电商的健康可持续发展。造成这一现象的原因是复杂的，其中一个重要的原因是很多县域范围内没有成功的模式借鉴。鉴于此，可以制定农村电商示范点、示范村的相关政策，指导各县域结合自身的实际情况选择相应的示范点或示范村，然后按照示范点或示范村的模式开展后续的工作。

2. 农村电商服务中心建设的支持政策

（1）农村电商服务中心建设的支持政策构建的目标

农村电商服务中心一般以村为单位，每一个村建设一个服务中心，形成"县—乡—村"三级服务体系。农村电商服务中心的建设是电子商务向乡村下沉的一个必然过程，只有借助农村电商服务中心，才能将服务下沉到乡村，甚至下沉到每一个消费者。具体而言，农村电商服务中心建设的意义表现在以下五点：

①农村服务中心建设是实现国家农村电商发展目标的要求和保证。

②农村服务中心建设是促使电商进村入户后落地生根的必要条件。

③农村服务中心建设是实现农村"互联网＋流通"的终点所在。

④农村服务中心建设能够为农产品的上行提供保障。

⑤农村服务中心建设是优化电商环境的重要内容。

农村服务中心建设的目标则主要体现在以下三点：

①构建"县城—乡镇—农村"三级服务站，为农村提供货物买卖相关的服务。

②扩大网点、物流在乡村的覆盖，为实现"县城—乡镇—农村"电商全覆盖奠定基础。

③提升农村电商发展水平，建设运营中心，优化仓储物流配送，方便商品运营推广和基地建设。

（2）农村电商服务中心建设的支持政策构建的内容

为了充分发挥农村电商服务中心的功能作用，需要满足以下两个要求：

①农村电商服务中心要有固定的办公场所，并且为了方便服务村民，办公场所的地点不能远离居民住所。同时，办公场所的交通要方

便，能够接入网络。一般情况下，一个村落有一个服务中心即可，对于已经有企业服务站（如淘宝村）的，可以不再建设服务中心。

②在服务中心工作的人员要具备一定的专业知识和技能，能够熟练操作电商服务平台软件，以便有效解决村民遇到的一些专业性问题。

为了满足农村服务中心建设的上述要求，在制定相关政策时，内容应该包含以下四个方面：

①村级电商服务中心的建设要以县域为单位进行整体的布局规划，并在整体的布局规划下逐渐展开村级服务中心的建设工作，不能毫无规划、随意地在乡村开设电商服务中心。

②因为农村电商服务中心建设的地理位置有一定的要求，所以可以制定其建设所需用地的支持性政策。

③因为乡村电商发展面临着人才缺口，所以为了避免在农村电商服务中心工作的人才流失，可以制定一些人才保障的政策。

④建立农村电商服务中心的目的是给村民提供必要的服务，为了提高服务中心的服务质量，还需要制定一些规范性的政策，这样有助于服务中心的良性发展，从而保证农村电商的可持续发展。

3. 农村电商物流体系建设的支持政策

（1）农村电商物流体系建设的支持政策构建的目的

农村电商要想实现可持续发展，物流体系的建设必不可少。要完善物流基础设施建设，包括支持物流配送终端及智慧物流平台建设、规范物流配送车辆管理、合理布局物流仓储设施等。自此之后，农村物流体系的建设便成了农村电商发展中的重要组成部分。农村电商物流体系建设的支持性政策就是为了助推这一目标的实现，具体体现在以下三个方面：

①以县域为单位，整合县域内的物流资源，完善"县城—乡镇—农村—农户"的县域农村物流四级结构。

②进一步完善冷链物流体系，因为对农产品来说，冷链物流是不可或缺的，这是农产品保质、保鲜的必要手段。

③构建土特农副产品产供销管理体系，为农村电商提供全链条的物流核心业务以及附加服务功能。

（2）农村电商物流体系建设的支持政策构建的内容

在现有农村物流体系建设相关政策的基础上，还可以从以下两个方面做出思考：

①制定鼓励各大物流平台进农村的政策，如鼓励各大物流平台将物流业务拓展至更多的乡村，鼓励农村供销社深入参与农村电商物流体系等。各大物流平台的入驻不仅有助于农村物流体系的完善，而且有助于形成良性的竞争，从而促使乡村物流体系良性发展。

②制定将农村供销合作社纳入全国城乡市场发展规划的政策，在产地建设农产品收集市场和仓储设施，在城市社区建设生鲜超市等零售终端，形成布局合理、连接产地到消费终端的农产品市场网络。

4. 农村电商法律法规支持政策

（1）农村电商法律法规支持政策构建的目的

法律是保证人民权益的重要手段，电子商务属于贸易的范畴，涉及人民最为关注的经济问题，所以必须健全相关的法律法规。电子商务作为一种新的贸易模式，不仅仅涉及经济和技术领域，还涉及法律领域。因此，在电子商务发展伊始我国便制定了相应的法律，并且随着电子商务的发展不断完善相关法律和规范。例如，《电子商务模式规范》《网络购物服务规范》《网络商品交易及有关服务行为管理暂行办法》《中华人民共和国电子商务法》等。不过，由于近些年我国电子商务发展的速度非常快，涵盖的领域可能会越来越广，当现有的法律法规不能覆盖电子商务相关内容的时候，就需要对法律法规进行完善，以保证法律的建设与电子商务发展的步伐相一致。这也是制定农村电商法律法规支持政策的目的所在。

（2）农村电商法律法规支持政策构建的内容

目前，我国电子商务相关的法律法规较为完善，不仅能对平台进行监管，还能够督促平台进行好自我监管。以《中华人民共和国电子商务法》为例，该法规是比较健全的一部法规，包含电子商务经营者、电子商务合同的订立与履行、电子商务争议解决、电子商务促进、法律责任五个方面的内容，为保障农村电子商务的可持续发展提供了相对完善的法律支撑。另外，在农村电子商务快速发展的同时，也隐约出现了野蛮生长的趋势，并衍生出了一些问题，如果这些问题不能得到解决，其负面影响将会持续扩大，最终影响农村电商的可持续发展。因此，在农村电子商务现有法律法规的基础上，其支持政策构建的内容可以从以下两个方面做出思考。

①电子商务隐私保护有关的法律法规

隐私对于每个人来说都是非常重要的问题，但随着信息技术的不断成熟、电子商务的发展，个人隐私问题越来越突出，并引起了越来越多人的关注。不可否认，大数据与云计算的出现推动了电子商务的个性化与定制化发展，但对个人隐私的过度收集也影响了消费者对电子商务平台的信任度。其实，对个人信息适当收集，即在不侵犯消费者隐私的基础上收集个人信息，对于电子商务的可持续发展来说具有非常积极的意义，但如果信息收集超过了个人隐私的范畴，必然会引起消费者的担忧和反对。电子商务平台和消费者之间的这种矛盾如果得不到解决，发展得越来越严重的时候，也许会对电子商务造成毁灭性的冲击。因此，应针对电子商务隐私保护制定相应的法律法规，界定电子商务平台信息收集的权限范围，从而最大限度保护消费者的隐私权益。

②规范直播带货的法律法规

作为农村电子商务发展的一种新模式，直播带货具有巨大的市场潜力，这一点是毋庸置疑的。但是，目前来看，直播带货俨然已经出现了野蛮生长的情况，各种乱象多次出现在新闻报道中。各种乱象中比较突出的有两个：一是直播带货过程中存在虚假宣传的问题，往往将商品夸大，诱导消费者冲动消费；二是没有形成完整的售后服务体系，消费者面临维权难困境。从事物发展的规律来看，一个事物出现野蛮生长的态势后，其发展必然会泛起虚幻的泡沫，也必然会影响整体环境的良性发展，进而对整个电子商务造成冲击。因此，需要针对直播带货制定相应的法律法规，加强行业管理，建立行业标准、准入门槛，实施行业指导，提高从业人员素质，打击造假欺诈的行为，使直播带货行业能够在坚实的基础上有质量地发展，并成为农村电商可持续发展的助力。

（二）农村电商可持续发展政策支持体系完善的总体建议

我国的农村电子商务已经进入新的阶段，其在促进乡村发展方面的作用已然凸显，但与此同时，新的挑战和问题也逐渐显现。针对现阶段农村电子商务发展面对的新挑战，这里从政策支持层面着手，站在一个宏观的视角上，就农村电商可持续发展政策支持体系的完善提出三点总体性的建议。

1. 进一步明确政府在农村电子商务中的职能定位

在新的发展阶段，农村电子商务面临着诸多新的挑战，为了更好地应对这些挑战，政府需要明确自身在农村电子商务发展中的职能定位，并做出进一步的努力。农村电子商务是一项庞大的社会系统工程，涉及金融、税务、政府部门以及管理职能部门等方面，并且由于农村跨境电商的发展，还涉及异地结算、海关等方面。在有些方面，政府需要充分发挥其职能，如法律法规制定、税务、知识产权保护、隐私权、安全问题等，这就需要制定具体的政策，甚至制定具体的法律法规，保障政策在这些领域能够行使其职权。而在某些方面，政府不能过多管理，要充分发挥市场的活力，这同样需要一些政策性的文件对政府进行约束。总之，政府在农村电子商务的发展中发挥着重要的作用，只有通过相关政策文件进一步明确并定位政府的职能，才能实现政府职能作用的有效发挥，从而推动农村电子商务的可持续发展。

2. 营造良好的农村电子商务环境

良好的电子商务环境对于促进农村电商的可持续发展具有非常积极的作用，所以相关支持性政策的制定要有助于农村电子商务良好环境的营造。具体而言，相关政策制定上可以从三方面做出思考。其一，积极推进电子商务的应用。推进线上线下的融合发展，引导各有关部门落实促进商业模式创新、支持实体店转型的政策措施，加快推进传统零售业、批发业、物流业、生活服务业、商务服务业深化互联网应用，实现转型升级。其二，积极维护网络市场秩序。维护网络市场秩序是营造良好农村电商环境的重要环节，要加强信用体系建设，开展电子商务信用评价指标、信用档案等标准研究；建设电子商务信用基础数据库；健全部门信息共享和协同监督机制，建设商务信用信息交换共享平台，净化网络市场环境。其三，推动建立电子商务多双边交流合作机制。随着农村电子商务的发展，农村跨境电商的市场也逐渐扩大，但农村跨境电商同样面临着诸多挑战，为了进一步促进农村跨境电商的发展，需要在政策的引导下，推动建立电子商务多双边交流合作机制，为农产品企业积极参与国际合作与交流奠定基础。

3. 激发农民电子商务能量

农民是发展农村电子商务的基础力量，充分激发农民的力量对于农村电子商务的可持续发展具有重大的意义。目前，农村电子商务呈现蓬勃发展的态势，电子商务在促进农村经济发展方面的作用也日益凸显。但是，很多农民对电子商务的认识不足，所以对电子商务仍旧保持一种排斥的心态，这在一定程度上影响了农村电子商务的发展。鉴于此，相关政策的制定要有助于激发农民电子商务的能量。比如，针对理论知识相对落后的地区，政府可以制定一些引导性的政策，督导乡镇一级开展电商培训课程，培训课程尽量涵盖与电子商务有关的方面，如理论课程、技能课程、操作课程等。再如，针对基础设施建设相对落后的地区，要制定基础设施建设的总体规划，加快基础设施建设，为激发农民电子商务能力奠定物质基础。总之，就农村电子商务发展的各主体而言，政府是引导者，企业是示范者，广大的农民是跟随者，也是基础力量，只有充分发挥基础力量，农村电子商务的发展之路才能走得更加长远。

二、农村电商可持续发展人才培养与创新

（一）高校教育中电商人才的培养与创新

高校是培养高学历、高技能电商人才的重要场所，也是农村电商人

才供给的重要渠道，对于缓解农村电商发展中出现的人才不足的困境，促进农村电商的可持续发展发挥着重要作用。

1. 高校教育中电商人才培养的价值

（1）对高校发展的价值

高校作为人才培养的教育机构，除了从专业技能的角度对学生进行教育，还需要对学生进行全方位的教育，使学生获得全面的发展，而不是仅仅掌握一门技能。电子商务作为一项实操性很强的专业，高校对电子商务人才的培养不能仅仅停留在理论层面，这样不仅不利于学生专业技能的掌握，还不利于学生综合素养的提升。基于乡村快速发展且人才不足的背景，高校可以以学校教育为中心，将乡村电商企业、当地政府、培训学校等纳入整个教育体系，构建一个电商人才培养的生态环境，这对于高校教育的发展具有非常重要的意义。

（2）对学生发展的价值

从学生短期发展的角度来看，专业技能毋庸置疑是一个重要的支持因素，但如果从学生长远的发展角度去看，综合素养才是决定性的因素。在"三全育人"教育理念的引导下，越来越多的高校开始重视学生综合素养的提升，实践教育课程、创新创业课程等明显增加。以电子商务专业为例，很多高校平衡了理论课程与实践课程的比例，适当增加了实践课程的占比，并积极与电子商务企业进行合作，定期组织学生到企业进行顶岗实习，有效锻炼了学生的实际操作能力。另外，面对农村电子商务广阔的市场前景以及人才不足的困境，很多高校将电子商务课程同创新创业教育以及乡村振兴战略有机结合，使课程实现了有效的外延。对于电子商务专业课程、创新创业教育、乡村振兴战略三者的关系，有些人认为不能将它们捆绑到一起，但如果对农村电子商务发展的现状有一定的了解，便不难看出三者之间的关联性。

创新创业教育是以培养具有创新素养和创业素质的人才为目标，是以培养学生创业意识、创新精神为主的教育，其本质是一种实用教育。

但创业不是一件简单的事情，创业者需要对市场有一定的了解，同时创业也存在着一定的风险，所以很多学生虽然有创业的想法，但最终却没有将其落实。目前，农村电子商务正处于蓬勃发展的阶段，其广阔的市场前景说明了在该领域创业的可行性，同时一系列政策的支持又降低了创业的风险。对于电子商务专业的学生来说，围绕农村电子商务进行创业既能充分运用自己所学的知识，又可以避免进入其他行业创业的风险，无疑是一个不错的选择。另外，乡村振兴战略作为我国发展到现阶段的重大战略，对乡村和国家的发展具有非常重要的意义。学校要让学生认识到乡村振兴的重要意义，引导学生将目光放在乡村的发展上，并用自身所学知识助力乡村振兴战略的实施。这样无论是对学生发展，还是对乡村电子商务，或是对乡村的发展，都具有非常积极的意义。

（3）对农村电商发展的价值

农村电商虽然发展的时间相对较短，但发展的速度非常快，如今已经进入新的发展阶段，对人才的需求量也在逐年增加。但由于乡村发展的客观条件的限制，很多高校毕业的学生并不会将乡村作为第一选择，所以电子商务专业虽然每年毕业的学生不在少数，但对于农村电子商务人才不足的困境的缓解却非常有限。不可否认，在一系列政策的引导下，高校毕业生到乡村发展的人数呈现出逐年增加的趋势，但相较于农村电子商务的人才缺口，还存在一定的差距。高校围绕乡村电商企业、当地政府、培训学校等构建的电商人才培养的生态环境能够将高校与乡村有机地衔接起来，这种有机的衔接打通了学生了解乡村、了解农村电商的渠道，也提供了学生到乡村发展的渠道，这对于缓解农村电商人才缺口、促进农村电商的可持续发展具有非常积极的意义。

2. 高校教育中电商人才培养的创新路径

（1）完善素质、能力课程体系

高校培养的电商人才不仅要具备专业技能，还要具备综合性的素养，所以需要进一步完善素质、能力课程体系。素质课程体系构建可参考表 5-1，能力课程体系构建可参考表 5-2。

表 5-1　素质课程体系

学生应具备的主要素质	对应的课程	课程形式
政治素质	马克思主义哲学原理、邓小平理论概论、毛泽东思想概论、当代世界经济与政治等课程	课堂教学
职业素质	讲座、参观、社会实践等课程	实践活动
身体素质	体育与健康课程、军训	课堂教学与实践活动
心理素质	人际交往心理、社会心理等心理学有关课程	公共选修课
道德素质	思想道德修养与法律基础、社会实践等课程	课堂教学与实践活动
文化素养	文学鉴赏、音乐欣赏、摄影艺术等文化艺术类课程	公共选修课

表 5-2　能力课程体系

能力分类	学生应具备的能力	对应的课程	课程形式
基本能力	语言和文字表达能力	演讲、口才训练等课程	公共选修课
	社会适应能力	社交礼仪课程	公共选修课
	计算机操作能力	计算机应用基础、网络技术应用等课程	课堂教学与实操训练
	逻辑思维与判断能力	逻辑学等课程	公共选修课
	一定的英语资料处理能力	英语课程	课堂教学公共选修课
专业能力与技能	具备本专业中网站和新媒体的制作、策划、维护、运营及数据库管理能力	网站制作技术、网络技术、JSP、SQL Server、新媒体运营、大数据管理等课程	课堂教学与第二课堂
	具备较强的农业类网站策划和管理能力	农业经济学、电子商务、网络营销、企业管理等课程	课堂教学与实操训练
	具备较强的商务谈判与营销策划能力	市场营销、商务谈判、营销策划等课程	课堂教学与实操训练
	具备相应的财务知识	基础会计课程	课堂教学与实操训练

（2）创新电子商务人才培养教育模式

高校人才培养的模式不是一成不变的，而是应该随着社会的发展不断创新，以满足社会发展对人才的需求。高校电子商务人才培养同样如此，只有不断改革和创新，才能适应电子商务的快速发展的趋势。

①订单培养模式

订单培养模式也叫人才定做，是指学校根据企业的需求去培养相适应的人才。订单培养模式解决了学生毕业后的就业问题，也解决了企业招人难、招人成本高等问题，所以无论是学校还是企业，都应该积极寻求彼此合作，签订人才培养合同，然后学校按照企业的需求，实行灵活的培养模式，并在学生学习过程中定期组织学生到企业顶岗实习，培养真正符合企业需求的电子商务人才。由于本科类院校人才培养强调宽口径通识教育，而订单培养模式强调专业技能，所以订单培养模式更适用于一些职业类院校。

②校企联合培养

校企联合培养就是将企业纳入学生培养的体系中。电子商务专业是一门操作性较强的课程，除了理论课与实操课，还应该设置一些实践课程，这样能更好地促进学生能力的提升。校企合作就是将企业作为一个校外实习基地，高校在安排每学年的课程时，预留出一定的企业实习时间（一周到一月不等，具体结合每学年课程情况而定），让学生到企业去生产实习，实现理论和实践的有机融合。学生在企业实习的过程中，学校应结合学生实习反馈的情况，评价当学年的教学，然后对教学规划作出相应的调整。对于企业来说，与学校合作能够提高学生毕业后来企业就业的概率，从而在一定程度上缓解企业人才紧缺的困境；另外，高校还可以为企业提供一定的培训服务，根据企业需求开展内部培训，帮助企业提升员工的整体素养。

③引进虚拟企业实习体系

虚拟企业就是模拟企业的真实情境，让学生在校内就可以模拟操作真实企业的工作内容。这里的模拟企业并不是假想的企业，也不是真实的企业，而是借助一定的模拟系统创建出来的企业，这些企业的运营与真实企业的运营一样，不同的是虚拟企业进行的货币交易是虚拟的货币，交易的企业也是虚拟的企业。虚拟企业实习体系旨在通过模拟企业真实的情境，提高学生的实操能力，虽然不能将真实企业的情境完全模拟出来，但作为理论教学的补充，也能够发挥非常重要的作用。

（3）构建电子商务人才培养评价体系

教育评价是根据一定的教育价值观或教育目标，运用可操作的科学手段，通过系统地搜集信息、资料并进行分析、整理，对教育活动、教育过程和教育结果进行价值判断，从而为不断完善自我和教育决策提供可靠信息的过程。教学评价对教学质量的提高起着重要的作用，而传统以理论考试分数为评价依据的模式显然不利于学生整体素养的发展，因此要创新电子商务人才培养评价体系。

①评价主体多元化

一直以来，教师都是电子商务人才培养评价的主体，但教师评价主体单一，其评价难免存在偏颇。而且高校教学多为走班式教学，教师与学生之间的接触相对较少，教师对学生的了解有限，所以评价学生时常常以学习成绩为主要的依据，这就不可避免使得评价存在一定的片面性。鉴于此，高校应改变评价主体单一的模式，引入除教师以外更多的评价主体。首先，要增加学生自我评价和学生互评的环节。学生自评有助于学生进行自我审视，做到曾子所说的"吾日三省吾身"，让学生在自我审视中发现自身的问题并改正。学生互评能够让学生从更多的角度去了解自己，而为了让学生互评更加客观，互评应采取不记名的评价方式。其次，要增加企业评价的环节。企业评价的主体一般为与学校有合作的电商企业，企业的评价可以分为两个方面：一方面是对前来实习的所有学生进行一个整体的评价，另一方面是对实习学生个人进行的详细评价，这样既有助于学校对学生个人有充分的了解，又能够使学校通过对学生整体的评价了解当前教学的效果。

②评价内容多元化

在以往的教学中，教育评价的内容主要是学生学习的成绩，这不符合"三全育人"的教育理念,不利于学生的全面发展。因此,评价内容也要实现从单一到多元的创新。至于多元应该涵盖的内容,可以参考《关于全面深化课程改革落实立德树人根本任务的意见》提出的"学生发展核心素养体系",即学生应具备的、能够适应终身发展和社会发展需要的必备品格和关键能力。如果对学生核心素养体系进行进一步的解读,则其主要包含三个方面,即文化基础、自主发展、社会参与;每个方面又具体包含两点内容,即文化基础包括人文底蕴与科学精神,自主发展包括学会学习与健康生活,社会参与包括责任担当与实践创新。由此可见,学生发展不仅仅体现在专业技能的掌握上,还体现在专业技能以外的方方面面,因此针对学生展开的评价内容也必然是多元的。

③评价方法多元化

教育评价方法指教育评价所采取的方法。因为教育评价的内容非常丰富,单一采取某种评价方法很难满足教育评价的需求,所以还需要构建多元的评价方法。依据评价标准,可分为相对评价、绝对评价、个体内差异评价、常模参照评价和标准参照评价;依据评价的功能,可分为诊断性评价、形成性评价、总结性评价;依据评价对象的范畴,可分为整体评价和单项评价、群体评价和个体评价。上述评价方法各有其优点和不足之处,在具体的教学实践中,应根据评价对象的特点、评价的目的进行灵活、综合的运用,这样才能充分发挥各评价方法的优点,从而使教育评价的效果最大化。

(二)校外培训中电商人才的培养与创新

校外培训的对象主要是乡村的常住人口,如农民、返乡工人等。相对于高校毕业生,他们在学历、技能上处于弱势,但他们是促进乡村电子商务发展的基础群众,没有他们的参与,乡村电子商务的发展也难以长远。但多数的农民、返乡工人对于电子商务所知甚少,这是多数农民不敢涉足电子商务领域的一个重要原因。因此,针对乡村中大量存在的农民、返乡工人等,要积极开展电商培训,帮助他们逐渐掌握电子商务相关技能,从而稳步推进农村电子商务的可持续发展。

1. 乡村农民、返乡工人培养模式的创新

乡村中多数农民、返乡工人对电子商务的认识不足,要想提高他们

的电子商务技能，仅仅依靠几堂培训课程很难实现。就农村电子商务发展的现状来看，电子商务与乡村各产业相融合已成为必然的趋势，并且其渗透范围也必然会逐步扩大，所以要对农民、返乡工人进行电商培训，就要帮助他们掌握一门适应乡村未来发展的技能。这不仅是为电子商务的可持续发展奠定基础，还是为乡村振兴进程的加快奠定基础。因此，针对农民、返乡工人展开的电商培训一定要落到实处，而不是走形式地开展几场培训课程，这从长远发展的角度来看没有任何意义。

一般来说，一个县域内的农民、返乡工人数量较为庞大，所以可以以县域为单位进行规划，但具体的实施应该以乡镇或村为单位，并且要因地制宜地开展，有机结合县域的独特地理位置、农村交通条件、经济条件等客观条件。在系统分析县域情况的基础上，坚持以政府组织为主导，以农民为主体，同时协调村级基层组织与社会组织的力量，构建"三位一体"的农民电子商务培训模式。

2. 乡村农民、返乡工人培养模式创新的要点

由于乡村农民、返乡工人等人口的文化水平普遍较低，对电子商务的认识明显不足，所以为了更好地构建上述"三位一体"的农民电子商务培养模式，有三个要点需要注意。

（1）做好电子商务的设施与技术支持

电子商务的发展离不开网络基础设施，虽然随着乡村振兴战略的不断推进，我国乡村基础设施建设在不断完善，但一些偏远的乡村仍旧没有实现互联网"户户通"，很多村民还没有对网络形成足够的认识，又怎么可能了解电子商务，这势必会影响培训的效果，也势必会对农村电子商务的发展产生影响。对于这些地区，要加快基础设施建设的进程，尽快实现互联网"户户通"，为电商培训以及电商发展奠定基础。另外，在已经完成互联网建设的大多数地区中，有些地区仍旧存在互联网技术上的空白，作为电子商务发展的技术支撑，互联网技术上的空白同样不利于电子商务的发展。因此，针对这些地区，县级相关部门要积极引进和培训一批电子商务技术架构专业人员，给有需要的农民电商从业者以软件服务的支持。

（2）做好农民参与培训的带头性工作

农民对于新兴事物的接受程度较低，再加上很多农民对于电子商务并不了解，所以大多存在一种参加培训就是浪费时间的心理，这样不仅会影响对农民的组织，而且即便组织起来，培训的效果也会在这一心理的作用下受到影响。鉴于此，对于一些农民参与积极性较低的地区，可以通过点带面、面带片的方式，充分发挥带头人或带头村的作用，逐步调动这个地区农民参与电子商务培训的积极性。

（3）做好对农民的电商基础知识培训

由于很多农民对于电子商务的认识非常有限，所以在具体的培训中，不能只培训电商技能。虽然电商技能非常重要，但只有让农民先对电子商务有所了解，才能促使他们思想观念上的改变，并进一步激发他们学习电商技能的积极性。电商基础知识培训包括对电子商务的介绍、电子商务与传统贸易模式的区别与联系、电子商务对农产品销售的重要意义、农村电子商务发展的趋势等。对于农民而言，有些基础知识虽然重要但比较深奥且难以理解，考虑到多数农民学历不高、接受程度较差的情况，在整理电子商务基础知识时，要尽量将这些知识通俗化、简单化，使其易于农民理解。

（4）做好对农民的电商技能培训

电商技能是开展电子商务不可或缺的，所以在做好基础知识培训的基础上，自然还需要做好电商技能的培训。电商技能培训是培训的重点，内容量也相对较大，包括网店的注册、网店的基本操作、网店的运营等，要让农民真正了解电商运营的基础流程。

三、农村电商可持续发展品牌化建设与创新

（一）农产品品牌化简述

1．品牌与农产品品牌化

品牌是一种商品综合品质的体现和代表，同时作为一种可以增值的无形资产，能够给其所有者带来品牌附加值。农产品品牌化便是将这种品牌价值附加到农产品上，具体而言是指农业生产者或经营者向买者提

供的用以区别竞争者产品或服务的一种标识以及能够传递一系列产品的特性、利益、文化等的总和。农产品品牌以物质为载体，以文化为存在方式，是农产品生产经营企业与顾客之间互动关系的结果。对农产品品牌主体来说，品牌是其重要的无形资产，是农业生产经营者占领市场和获取垄断利润的利器。

从农产品品牌的使用范围上来说，农产品品牌可以分为农产品品牌（狭义）、农产品区域品牌和农产品企业品牌。

（1）农产品品牌（狭义）

以个性化的名称为品牌命名，用于区别不同企业的农产品的质量差异，如"阿香"柑橘。

（2）农产品区域品牌

农产品区域品牌是指一个地域内农产品生产经营者可以共用的公共品牌，公共品牌的形成通常以规模化、特色化的农产品的地域积累为基础，而地域的界定既可以是自然行政区域，又可以是跨行政区域。由此可见，农产品地域品牌具有产权模糊和利益共享的特点，如"五常大米""西湖龙井""烟台苹果"等。

（3）农产品企业品牌

农产品企业品牌是以农产品生产经营企业的名称为品牌命名，用以区别其他农产品企业的产品。从某种意义上来说，农产品企业品牌与农产品品牌是统一的，它们既是农产品品牌，也是农产品企业品牌，如"蒙牛""好想你"。

虽然电子商务在乡村的快速发展中对农业的发展起到了积极的助推作用，但是电子商务的出现并没有改变农产品贸易的本质，农产品仍然是电子商务发展的基础，所以要促进农村电子商务的持续发展，农产品品牌化的建设是必然途径。

2．农产品品牌化的意义

（1）有助于农产品的宣传推广

产品进入市场之后，对产品进行宣传推广是一个必然的过程，而要宣传推广就必须拥有自己的品牌。而且当产品品牌形成一定的影响力后，产品品牌本身就成了一个流动的宣传载体，即产品流通到哪里，品牌便在哪里发挥作用，形成了品牌推广的叠加效应。

（2）有助于建立稳定的顾客群

企业注册品牌商标时需要呈报产品的质量说明，只有产品质量达标才能成功注册品牌商标，所以品牌从某种层面上来说也是质量的象征。企业为了维护品牌形象，会严格按照标准生产产品，以保证产品的质量。如果产品质量降低，管理机构会依法对企业进行处置，维护消费者的权益。对于消费者来说，品牌是选择产品的一个重要的参考依据，消费者对某个品牌产生信任后，会不断购买该品牌的产品，从而形成该品牌稳定的顾客群。

（3）有助于维护专用权利

品牌商标注册之后，生产经营的企业既有保证产品质量的责任，又享受了法律保护的权利。品牌商标对企业来说非常重要，如果有其他人或企业冒用商标，势必会对企业造成负面的影响，从而损害企业的利益。因此，当遇到其他企业或个人擅自改造、使用本企业的已注册的品牌商标时，企业可依法对其提起诉讼，维护企业的利益。

（二）农产品品牌化建设的要点

1. 做好品牌定位

品牌定位是指为自己的品牌在市场上树立一个明确的、有别于竞争对手的、符合消费者需要的形象。品牌定位是建立在市场定位以及产品定位基础之上的，它是建立一个与目标市场有关的品牌形象的过程和结果。简单来说，品牌定位就是为产品确定一个适合的市场位置，并使产品在与消费者不断发生作用的过程中在消费者心中占据特殊的位置。比如，可口可乐的市场定位是清凉爽口，当炎热的夏季来临，人们感到炎热口渴时，可口可乐清凉爽口的形象便会立刻浮现在脑海中，从而刺激人们购买的欲望。农产品也是如此，有了明确的品牌定位后，人们需要某种东西时，便会将这种需求与农产品的品牌定位关联到一起，然后产生购买该产品的欲望。在对农产品进行品牌定位时，企业可从以下几方面做出考虑。

（1）赋予该产品区别于其他产品的独特之处

要有明确的品牌定位，就要赋予品牌独特之处，这是品牌定位的基础。该产品如果与其他同类产品相比没有独特之处，那么就只能"泯然众人矣"，也就谈不上品牌的定位了。因此，从农产品生产的计划阶段开始，就要赋予该农产品某些独特之处，如口感好、绿色食品、营养丰富、香味浓郁等。当然，虽然农产品种类多，但现有农产品品种之间的同质化现象较为严重，所以农产品被赋予的独特之处不一定是其他所有农产品都不具备的，只要能够与大多数的农产品有区别即可。

（2）充分考虑消费者的需求

无论通过何种渠道，农产品销售面向的都是消费者，只有满足了消费者的需求，才能促进产品的销售，也才能在与消费者的相互作用下促进产品的品牌定位。但是"一千个读者，就有一千个哈姆雷特"，消费者与消费者之间或多或少存在着差距，一个产品不可能满足所有消费者的需求，所以产品品牌定位切忌求全，这样反而容易失去自身特点。其实，虽然不同的消费者有着不同的需求，但对于同一种产品，消费者需求也必然存在着正态分布的关系，即有人数需求相对较多的需求点，也有人数需求相对较少的需求点。在借助大数据、云计算等技术对消费者需求进行分析的基础上，产品定位既可以选择大众面，也可以选择小众面，两种选择各有优势和劣势。大众面的人数相对较多，产品的受众更广，但竞争性无疑也更强；小众面人数虽然相对较少，但也是相对而言，我国人口基数巨大，所以即便是小众面也有着较为可观的消费群体，而且小众面的消费者往往有着较强的自我喜好，一旦认同某个品牌，便会成为该品牌的忠实拥护者，企业便得到了一批稳定的顾客，其缺点是风险也相对较大。至于如何选择，企业应该结合自身产品特点以及当前的市场情况而定。

（3）做好品牌定位的效应评价

品牌定位的目的是在消费者心中占据一个特殊的位置，定位成功与否应该从消费者的角度去考虑，而不是企业的一厢情愿，所以需要做好品牌定位的效应评价。品牌定位效应评价应主要考虑两个因素：一是消费者对品牌定位的感知程度；二是消费者对品牌定位的认可程度。如果消费者对品牌定位感知较弱，或者说认可度较弱，那就说明品牌定位失败。要明确这一点，就需要从消费者那里得到明确的反馈，而不是用数据进行推算。具体实施中可采取问卷调查的方式，确定消费者对于该品牌定位的感知程度和认可程度，以此作为评价品牌定位效应的依据。如果调查显示消费者对品牌定位的感知程度与认知程度不高，就说明企业品牌定位采取的方式或者传播途径不当，企业需要结合消费者的反馈情况进行改进，最终形成适合产品且消费者感知程度和认可程度较高的农产品品牌定位。

2. 塑造品牌形象

品牌形象是指企业或某个品牌在市场上、在社会公众心中所表现出的个性特征，它体现公众特别是消费者对品牌的评价与认知。根据表现形式的不同，品牌形象可分为品牌的内在形象与品牌的外在形象，所以对农产品品牌形象的塑造也应该从品牌的内在形象塑造与外在形象塑造两个方面着手。

（1）品牌内在形象的塑造

产品品牌的内在形象主要由产品的品质凸显，所以农产品品牌内在形象的塑造应该以质量为主要切入点。尤其对于农产品来说，其涉及大众最为关心的食品安全问题，只有保证了农产品的质量，才能赢得大众的信赖，进而逐步形成良好的品牌形象。农产品质量的保证一方面靠政府机制的约束，即政府要加强农产品质量监管体系建设，确保农产品抽检的合格率达到98％以上，同时确保不合格的农产品不出村、不出街，并使农产品中有毒、有害物质的残留量控制在限度范围内；另一方面则依靠企业生产体系的完善，即企业要建立标准化的生产流程，确保农产品整个种植过程的安全性。与此同时，要依托科技不断对生产结构进行调整，把科技成果转化为现实的生产力，达到高产、优质的目的。另外，为了进一步提高大众对农产品质量的认可程度，可以依托信息体系的建设，建立绿色安全清洁的生产规程和管理流程，建立基于互联网技术的全程可追溯体系，强化农产品质量安全规范和体系建设，提高农产品质量安全水平，为品牌建设提供必不可少的支撑体系。

（2）品牌外在形象的塑造

品牌的外在形象主要体现在产品的名称、商标、外包装等外在方面。消费者对品牌的第一印象一般来自视觉形象，产品通过名称、商标、包装将产品的外在形象直接、快速地传递给消费者，所以农产品外在形象的塑造也至关重要。首先是品牌名称的设计。品牌名称在视觉和听觉上要给消费者一种舒适的感觉，且便于记忆，以便于品牌名称的传播与扩散。对于农产品来说，品牌名称可以新颖，但不要过于跳脱，和农产品没有丝毫的联系，这样容易让消费者产生华而不实的感觉，且不利于消费者将品牌名称和农产品联系起来。其次是品牌商标的设计。商标作为一种视觉语言，一直以来被企业赋予独特的文化和内涵，它通过字符或者图案向消费者传递企业的文化，以创造品牌认知和品牌联想。农产品企业在设计品牌商标时，要重视其地域性及其象征性，设计表现上应结合产品销售终端定位人群的特点和审美好恶。设计构思和艺术创意要具备个性、时代感、适用性，一定要适用企业标准化的品牌理念和发展趋势。另外，品牌商标还可以和品牌名称有机结合起来，这样能够起到一种联动效应，加深消费者的品牌认知与品牌联想。最后是品牌包装的设计。我国地域辽阔，不同地区有不同的农产品，且有不同的发展历史，农产品包装设计可以体现农产品的地域特色。另外，在强调绿色生产的今天，农产品的包装设计也可以体现绿色生态的设计理念，将环保、低碳、有机、循环、绿色等生态理念融入产品包装的设计之中，能够给消费者一种生态环保的感觉，从而赢得消费者的喜爱。

3. 加强品牌的传播与保护

（1）农产品品牌的传播

在信息化时代，不重视品牌的传播推广，也就不能将品牌形象有效地传达给消费者和公众，品牌形象就难以被消费者知晓，那么品牌形象的塑造也失去了意义，所以加强农产品品牌的传播也是农产品品牌化建设的一个重要环节。具体而言，目前农产品品牌的传播途径主要有以下几个渠道。

①自有渠道

自有渠道包括企业的自建网站、App、各种自媒体账号、印制的宣传资料等。在自媒体时代，自媒体账号是企业进行农产品品牌宣传的一个重要的自有渠道，企业申请各类自媒体账号的门槛很低，但如果能够利用好各类自媒体账号，便能够起到很好的宣传推广效果。因此在多种自有渠道中，企业要重视自媒体账号的维护和运营。

②媒体渠道

企业的各种自媒体账号也可以看作是媒体渠道，而除了自媒体，纸媒体、电视媒体、广播媒体、网络媒体等也都属于媒体渠道。虽然在互联网时代网络媒体的重要性愈加凸显，但其他媒体渠道也不能忽视。当然，由于不同的媒体渠道表达方式不同，并且其面向的客户群体也有所差异，所以针对不同渠道设计的文案也应有所区别，这样才能使各个渠道的效用充分发挥。

③商务合作

商务合作就是寻求知名品牌的合作，这样不仅可以解决品牌传播的问题，也可以解决流量的问题。因为知名品牌自身具有较高的知名度、曝光度和信誉度，通过与知名品牌合作，可以借助知名品牌的光环吸引流量，并提高品牌知名度。对于一些已经具有一定知名度的农产品企业来说，品牌间的合作比较常见，双方都可以获得一定的利益，起到$1+1>2$的效果，但一些知名度较低的农产品企业往往需要支付一定的合作费才能取得与知名品牌合作的机会。

④举办活动

通过举办活动的方式进行宣传，不仅可以与消费者搭建一个互动的渠道，还可以为品牌的宣传提供一个宣传点。比如，公益活动可以体现出企业的社会责任感与担当，可借此赢得消费者对企业品牌的信赖；又如，用户参与活动可以拉近企业品牌与用户的距离，企业为用户营造出一种消费者至上的感觉，借此打造品牌的忠诚度。举办活动的方式很难在短期内奏效，所以一定要持续做下去，这样才能实现从量变到质变的突破。

⑤用户渠道

用户也是农产品品牌传播的一个重要渠道，因为用户是产品的使用者，用户的体验具有很强的说服力，通过老用户向新用户进行品牌传播不仅成本很低，而且转化率也非常高，所以企业要注重用户渠道。用户传播一般是基于产品质量，即产品质量好才能促使用户进行自发的传播，所以诱导用户进行传播的主要前提是注重农产品的质量。

（2）农产品品牌的保护

农产品品牌化的建设是一项长期的工程，通常经过长时间的努力才能够取得一定的效果，而形成一定的品牌形象之后，如何保护品牌是企业必然要思考的事情。近年来，农产品冒名情况时有发生。比如，"阳澄湖大闸蟹"多次被冒名，很多螃蟹仅仅是到阳澄湖中"洗了个澡"，便摇身一变成了"阳澄湖大闸蟹"；又如，五常大米、洛川苹果、赣南脐橙、胶东白菜等品牌深受消费者的欢迎，这些品牌犹如金字招牌，带动了一批优质农产品产销两旺，有力促进了地方经济发展和农民增收，但这些品牌也同样存在冒名的情况。农产品品牌被冒名不仅影响了该品牌的利益，还会影响该品牌的口碑和信誉，从而影响当地经济的发展。

因此要加强农产品生产企业的品牌意识，让生产者认识到品牌的重要性，对于冒名侵害自身利益的做法，要坚决运用法律的武器保护自己。另外，一些基于地域性发展起来的农产品品牌，如上文提到的五常大米、洛川苹果、赣南脐橙，没有独占性，很多的组织和企业都可以使用，如果使用该品牌的企业中有些企业不注重品质，造成了不良的社会口碑，整个品牌就都会受到影响，进而影响整个地域的发展。针对这种情况，政府应该加强市场监管，秉承优胜劣汰的原则，将那些素质低、品质差的生产者淘汰，从而保障使用地域品牌的生产者整体维持一个较高的质量标准。当然，农产品品牌的保护除了通过一些外在的手段，还应该从产品本身着手，即生产者要严格组织生产管理，确保农产品的品质，这样才能长时间赢得消费者的信任，也才能使其品牌持续发光。

（三）农产品品牌化建设的创新路径

在"互联网＋"的大环境下，农产品品牌化建设的创新路径就是充分借助互联网的优势作用，系统分析农村电子商务发展的趋势，从而有效结合互联网，促进农产品品牌化的建设。

1. 明确"互联网＋"环境下农产品品牌化建设的方向

通过分析当前的农业市场以及农业品牌的形成情况，互联网农业品牌建设的方向大致有三个，即细分品类领导品牌、专属消费品牌与服务品牌。

（1）细分品类领导品牌

细分品类领导品牌就是对农产品进一步分类，然后在每个种类中建立领导性的品牌。农产品的种类非常之多，但产品的同质化现象非常严重，很多种类的农产品都没有出现像"阳澄湖大闸蟹"这样的领导性品牌。但从某种层面来看，正是因为还有很多农业产品仍旧没有出现领导性的品牌，就为这些农产品的农业品牌留下了打造的空间。在未来随着人们对品牌的愈加重视，随着农业品牌化的不断发展，相信会有越来越多种类的农产品逐渐出现细分品类中的领导品牌。

（2）专属消费品牌

专属消费品牌就是依据不同阶段、不同场合、不同时间人们对农产品需求的不同对农产品进行等级划分，然后建立具有专属性的农产品消费品牌。根据人们对农产品需求的不同，可以将农产品大致分为两个层级：①普通农产品，主要是为了满足人们市场饮食的需求，属于生活必需品，安全性是基础；②中高端农产品，除满足饮食需求外，还满足人们的一些特殊需求，如营养、品质、特色等，所以一些特色农产品也属于中高端农产品的行列，安全性同样是基础。基于此，针对农产品品牌建设的一个方向就是在层级上做一定的划分，针对不同的层级，打造相应的专属消费品牌。

（3）服务品牌

在今天，人们对于服务的重视程度与日俱增，通过服务去打造农业品牌无疑也是一个发展的方向。例如，"三只松鼠"会在发给消费者的商品中附带一些小工具，如湿巾、剥壳器、封口夹、吐壳袋等，虽然只是很小的一些工具，但这种体现在细节中的服务让消费者得到了良好的购物体验，提升了消费者对品牌的好感。当然，通过服务建立农产品品牌只是一种手段，其基础是农产品，不能为了服务而服务，要兼顾农产品的质量，这样才有助于农产品品牌的长远发展。

2. "互联网＋"环境下农产品品牌化建设的创新路径

在互联网农产品品牌化发展的过程中，应该将生产、流通、推广、消费等环节通过互联网平台进行有机的融合，打破以往农产品品牌化建设中生产、流通、推广、消费等环节相互割裂，消费者体验差、参与度低的状态，使农业的整个生产链有机融合，从而快速推动农产品品牌化发展。

（1）"互联网＋"下规模化、智能化生产

农业在借助互联网进行品牌化发展的过程中，要融入规模化、智能化的生产理念。所谓规模化，顾名思义，就是生产具有一定的规模，这样才能在市场中产生一定的影响力和知名度。智能化是现代农业发展的必然趋势，引进智能化的生产设备不仅可以提高生产效率，还可以使生产流程更加标准化，从而提高产品的品质，提高人们对农产品的信任程度。

（2）"互联网＋"下绿色、可追溯的加工模式

食品安全问题一直是消费者最为关注的话题，消费者希望买得方便，更希望买得放心、吃得安心，而绿色、可追溯的加工模式无疑给消费者吃了一颗定心丸，让消费者能够清楚、明了地看到加工过程，从而消除对食品安全的担忧。

（3）"互联网＋"下的多渠道推广

对农产品进行推广是提高其市场知名度的一个重要途径，在互联网时代，随着各种互联网平台的不断崛起，人们不再单纯集中在某一个平台中，而是分散在各个互联网平台，所以农产品的推广也必然要多渠道同步进行。

（4）"互联网＋"下保质、快捷的流通模式

"互联网＋"下农业品牌的打造不能缺少网络购物这一渠道，但只有实现了保质、快捷的流通模式，才能给消费者带去良好的购物体验，

才有助于农业产品品牌化的发展。而要实现农产品保质、快捷的运输，就必须有完善的物流体系作为支撑，尤其要具备冷链物流系统，这样可以大大降低农产品腐烂、变质的风险。

（5）"互联网＋"下体验式的消费模式

随着人们生活水平的不断提高，人们的需求也在发生巨大的变化，消费者从过去只满足于温饱的时代进入了一个具有更高级需求的新时代，消费者在消费的过程中更加强调所获得的体验与经历，体验式消费已成为我国目前消费结构中重要的组成部分。对于农产品来说，"互联网＋"下体验式的消费模式类似于O2O，消费者在观光体验的过程中，对农业生产有了更为深入的认识，并且在近距离的接触中产生了信任感，有助于农产品线上的销售以及品牌的形成。

参考文献

[1]梅燕,蒋雨清.农村电商产业集群驱动区域经济发展协同效应及机制[M].杭州:浙江大学出版社,2020.

[2]刘亚军."淘宝村"背景下自发式农村电子商务的商业模式创新性复制研究[M].北京:中国社会出版社,2020.

[3]王丽娟,信丽媛,杨勇,等.乡村电子商务实用技术[M].天津:天津科技翻译出版有限公司,2020.

[4]郑洁.农村电商物流服务质量优化研究[M].北京:知识产权出版社,2021.

[5]尤影.乡村振兴背景下农村电商可持续发展研究[M].长春:吉林大学出版社,2021.

[6]徐峰.乡村振兴背景下农村电商发展研究[M].北京:中国原子能出版社,2021.

[7]丁志伟.农村电商发展与淘宝村网商集聚研究[M].北京:中国经济出版社,2021.

[8]耿树海,成雅君,李占平.乡村振兴背景下农村产业创新发展研究[M].长春:吉林出版集团股份有限公司,2021.

[9]孙学军.生态系统视角下的农村电子商务应用研究[M].北京:中国财富出版社,2019.

[10]马骏,袁东明,马源,等.数字经济制度创新[M].北京:中国发展出版社,2022.

[11]申雅琛.数字经济理论与实践[M].长春:吉林人民出版社,2022.

[12]范文仲.数字经济与金融创新[M].北京:中国金融出版社,2022.

[13]李瑞.数字经济建设与发展研究[M].北京:中国原子能出版传媒有限公司,2022.

[14]黄奇帆,朱岩,邵平.数字经济内涵与路径[M].北京:中信出版集团股份有限公司,2022.

[15]李锦顺.电子商务助力乡村振兴[M].北京:华龄出版社,2022.

[16]易法敏,罗必良.农产品电商平台体系建设与线上线下协调发展研究[M].北京:中国经济出版社,2019.

[17]孙毅.数字经济学[M].北京:机械工业出版社,2021.

[18]杜国臣,李凯.中国数字经济与数字化转型发展[M].北京:中国商务出版社,2021.

[19]胡江华.数字经济基于特色产业生态创新[M].北京:光明日报出版社,2021.

[20]唐晓乐,刘欢,詹璐遥.数字经济与创新管理实务研究[M].长春:吉林人民出版社,2021.

[21]史安静,王艳芳,王文合.农村电商[M].北京:中国农业大学出版社,2018.

[22]许安心.农村电商前沿研究[M].北京:新华出版社,2018.

[23]陈建民.农村电商实务[M].长沙:湖南大学出版社,2018.

[24]郭飞军.农村电商微网络应用一周通[M].杭州:浙江工商大学出版社,2018.

[25]贺小刚,范昕俏,曾鸣晔.中国农村电商运作与案例分析[M].上海:上海财经大学出版社,2018.

[26]戴小鹏,陈灿.农村电子商务[M].长沙:湖南科学技术出版社,2018.

[27]罗哲.电子商务在新农村建设中的应用研究[M].长春:吉林大学出版社,2018.

[28]易高峰,常玉苗,李双玲.数字经济与创新创业管理实务[M].北京:中国经济出版社,2019.

[29]梁善华,胡惠文,王公博,于秋石.直播人才数字电商的组织密码[M].北京:企业管理出版社,2022.

[30]闫德利.数字经济:开启数字化转型之路[M].北京:中国发展出版社,2019.

[31]冉启全,章继刚,陈维波.农村电子商务[M].成都:西南交通大学出版社,2019.

[32]孙伟.乡村振兴农村电子商务模式·运营·案例[M].北京:中国市场出版社,2019.